Editorial

En este trimestre se estudiarán las siguientes unidades: **En el desierto con la gente de Dios**, **En el desierto con Moisés** y **En el desierto con Juan y Jesús**. El desierto es el hilo que hilvana estas historias que ocurren en un lapso de tiempo muy amplio en la historia del pueblo hebreo. El desierto viene a ser un lugar de encuentro con Dios, un lugar de aprendizaje, pruebas y de crecimiento espiritual. Es el lugar donde los y las protagonistas de estas historias deciden hacer la voluntad de Dios permitiéndole ser el centro de sus vidas.

Al igual que entonces, hoy día, el pueblo de Dios se enfrenta a momentos y circunstancias que podríamos llamar experiencias del desierto. Nos enfrentamos cada día con las incertidumbres de nuestro futuro, los retos económicos, el calentamiento de la tierra y las consecuencias que esto pueda traer, las incógnitas políticas de nuestros tiempos, la violencia en nuestra sociedad y, por consiguiente, en nuestros hogares. A pesar de todo esto, podemos encontrarnos con Dios y crecer en la certeza de que aún en medio de todas estas inquietudes Dios está con nosotros. Es este mensaje el que le queremos llevar a nuestra niñez. Una niñez que no está ajena a todas éstas inquietudes, sino que desde su perspectiva las vive, las sufre y las siente.

Es por todo lo dicho anteriormente que debemos renovar cada día nuestro compromiso de llevar la Palabra de Dios a nuestra niñez. Cada niño y niña pasa por sus propios momentos de desierto y como personas adultas no debemos subestimar la importancia de sus preocupaciones, sino asegurarles que Dios les ama y que está con ellos y ellas en todo momento y ayudarles a crecer en su fe y compromiso con Dios.

A continuación le hacemos algunas sugerencias que le pueden ayudar para el mejor uso de Zona Bíblica®.

Para el director o la directora de la Escuela Bíblica:
- Antes de entregar el material a su personal de Escuela Bíblica, haga copias de todo el material a ser fotocopiado en los libros de los tres niveles. Pueden ser tres fotocopias por lección.
- Prepare un archivo de cada nivel con las fotocopias de cada lección para que se facilite el proceso de hacer con anticipación las fotocopias de cada clase.
- Puede preparar un taller para entregar Zona Bíblica® a sus maestros y maestras para que se puedan familiarizar con todos los elementos y explicar el proceso de fotocopiado del material que habrán de seguir.
- Si tiene grupos bilingües, también puede ordenar el libro de Bible Zone® a Cokesbury.

Para los maestros y las maestras:
- Familiarícese con todos los elementos de Zona Bíblica®: Guía del maestro, Accesorios de Zona®, Transparencias y el disco compacto.
- Los objetivos de la lección están integrados a la Historia bíblica (trasfondo bíblico). Casi siempre los puede encontrar en los últimos párrafos.
- Estudie la lección con anticipación y determine los materiales a usar. Asegúrese de tener todas las fotocopias y los materiales que se van a usar en la clase.
- Cada lección le provee varias actividades. Determine cuáles va a realizar, y considere el tiempo y el espacio disponible. Modifique la lección de acuerdo a las necesidades de sus estudiantes, pero asegúrese de cumplir con los objetivos de la clase.
- Involucre a papás y mamás en el proceso de aprendizaje bíblico de sus hijos e hijas. Envíe al hogar la Zona Casera® semanalmente.

Éstas son algunas sugerencias para el mejor uso de este material en Zona Bíblica®. Maestros y maestras, ¡que Dios les bendiga.

Carmen Saraí Pérez
Editora, Zona Bíblica®

Abingdon

Zona Bíblica®

Donde la Biblia se hace vida
EN EL DESIERTO

Primarios mayores

Otros títulos disponibles de Abingdon Press:

Zona Bíblica® de *Abingdon*
Pre-escolar
Paquete de DIVERinspiración®

Zona Bíblica® de *Abingdon*
Primarios menores
Paquete de DIVERinspiración®

Escritora: Delia Halverson
Editora: Carmen Saraí Pérez
Editor de desarrollo: Pedro López
Editor de producción: Pablo Garzón
Director de diseño y producción: R.E. Osborne
Diseñador: Roy C. Wallace III
Foto de la portada: Ron Benedict
Ilustradores: Susan Harrison, Megan Jeffery, Jim Padgett, Terry Sirrell
Traductora: Lorena Arredondo
Traductor de los cánticos: Julito Vargas

Abingdon

Zona Bíblica®

Primarios mayores

Donde la Biblia se hace vida

EN EL DESIERTO

Abingdon Press
Nashville

Zona Bíblica® de Abingdon
Donde la Biblia se hace vida
EN EL DESIERTO
Primarios mayores

Copyright © 2007 Abingdon Press

Todos los derechos reservados.

Ninguna parte de esta trabajo, EXCEPTO DE LOS PATRONES Y PÁGINAS
SEÑALADAS CON UNA NOTA AL PIE, puede ser
reproducida o transmitida en ninguna forma o por ningún medio, electrónico o mecánico,
incluyendo fotocopiado y grabación, o por ningún sistema de recuperación y almacenaje de datos, con
excepción de lo estipulado por la Ley de Derechos de Autor de 1976 o con
permiso, por escrito, del editor. Las peticiones para permisos deben someterse por escrito
a: Abingdon Press, 201 Eighth Avenue South, Nashville, TN 37203, por fax al (615) 749-6128,
o enviadas por correo electrónico a permission@abingdonpress.com.

• AVISO •
SÓLO LOS PATRONES / PÁGINAS marcadas como Reproducible
pueden ser duplicadas para usarse en la iglesia local o la escuela de la iglesia.
En tales páginas se incluye el siguiente aviso de derechos de autor, que debe aparecer en la reproducción:

Permiso de fotocopiado otorgado para el uso de la iglesia local. © 2007 Abingdon Press.

A menos de que se especifique lo contrario, las citas de la Escritura son de Biblia Dios habla hoy (versión popular), © 1994, 2000, Sociedades
Bíblicas Unidas. Usada con permiso.

ISBN 978-0-687-64444-5

Créditos de arte:

Páginas 16, 28, 32, 112, 116, 124, 136, 148, 152, 158-159 por Jim Padgett © 2004 Abingdon Press.
Páginas 76, 87, 99, 114, 123, 172-173 Terry Sirell, © 2004 Abingdon Press.
Páginas 20, 40, 44, 52, 64, 68, 80, 88, 92, 93, 127, 128, 140, 171, 174 por Susan Harrison, © 2004 Abingdon Press.
Páginas 166-167 por Megan Jeffrey © 2000 Abingdon Press.

Los créditos de las canciones aparecen en la página 177

**El disco compacto no se provee en este material.
Visitar Cokesbury.com/español para ver la disponibilidad de estas canciones
para descargar electrónicamente.**

07 08 09 10 11 12 13 14 15 16—10 9 8 7 6 5 4 3 2 1

HECHO EN LOS ESTADOS UNIDOS DE AMÉRICA

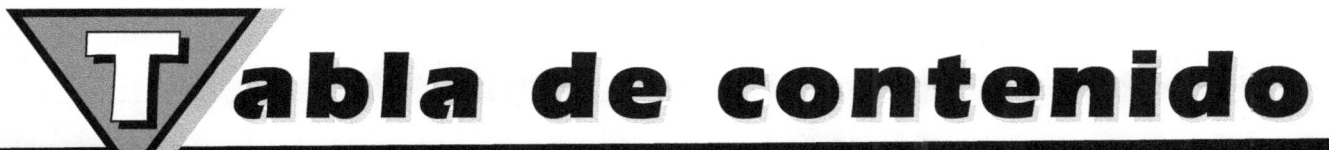

Tabla de contenido
En el desierto

Unidades bíblicas en la Zona	6
Acerca de la Zona Bíblica®	7
Bienvenido a la Zona Bíblica®	8
Primarios mayores	9
Abraham y Sara	10
Los tres visitantes	22
Isaac y Rebeca	34
Jacob y Esaú	46
El viaje de Jacob	58
La zarza ardiente	70
La salida de Egipto	82
Comida y agua en el desierto	94
Los Diez Mandamientos	106
Un santuario para Dios	118
La batalla de Jericó	130
La voz en el desierto	142
Jesús en el desierto	154
Zona de Arte	166
Zona de Comida	167
Zona de Juego	168
Etiquetas para nombres	170
Patrones de paloma y concha marina (lección 12)	171
Juego de mesa: un aventura en el desierto	172
Papirola "Dios cuida de nosotros" (lección 5)	174
Comentarios de los usuarios	175

Unidades bíblicas en la

En el desierto con la gente de Dios

Historia bíblica	Versículo bíblico
Abraham y Sara	Génesis 12:1-8; 15:1-6
Los tres visitantes	Génesis 17:1-7, 15-17; 18:1-15; 21:1-8
Isaac y Rebeca	Génesis 24:1-67
Jacob y Esaú	Génesis 25:19-34; 27:1-33
El viaje de Jacob	Génesis 27:41-45; 28:10-22

En el desierto con Moisés

Historia bíblica	Versículo bíblico
La zarza ardiente	Éxodo 3:1-22
La salida de Egipto	Éxodo 5:1–6:13; 6:28-12:41
Comida y agua en el desierto	Éxodo 13:17-22; 15:22–17:7
Los Diez Mandamientos	Éxodo 19:1-20:17
Un santuario para Dios	Éxodo 25:1-9; 35:4–36:7
La batalla de Jericó	Josué 1:1-9; 5:13–6:27

En el desierto con Juan y Jesús

Historia bíblica	Versículo bíblico
La voz en el desierto	Lucas 3:1-21; Mateo 3:1-17; Isaías 40:3-5
Jesús en el desierto	Mateo 4:1-11; Lucas 4:1-13

Acerca de la  Zona Bíblica

Accesorios de Zona:

Los Accesorios de Zona® son juegos y materiales de apoyo para narrar historias, y se encuentran en el Paquete de DIVERinspiración® de la Zona Bíblica® Algunos Accesorios de Zona® son artículos de consumo y deberán ser reemplazados. Aquí se proporcionan para la comodidad del maestro.

- bumeranes de plástico
- margaritas inflables
- pañuelo de colores de algodón
- pelotas de playa inflables
- ranas afelpadas
- gallitos plásticos de bádminton
- pelotas saltarinas
- binoculares de plástico
- flautas de plástico
- arañas de vinilo
- pelotas inflables de rana
- globos
- banderitas de carreras de autos
- disco compacto

Materiales:

- Biblia para cada estudiante
- tocadiscos de discos compactos
- papel, papel de construcción, papel para dibujar, papel celofán y tarjetas de fichero
- marcadores de felpa y crayones, lápices, marcadores de tinta permanente
- pizarrón y tiza o pizarrón blanco
- mesa pequeña mantel blanco, mantas viejas
- retazos de telas de colores
- velas pequeñas, maletas, maletín
- proyector de transparencias
- herramientas de grabado (clips o sujetapapeles, punzones de artes manuales, broquetas de madera, cuchillos de plástico)
- ropa (incluyendo una bufanda larga)
- un documento sellado o lacrado
- esponjas, tijeras, perforador
- pegamento blanco, cinta adhesiva
- paletitas de artesanía
- pintura, pintura al temple, pinceles (palitos con punta de algodón)
- centavos
- bicarbonato de sodio, vinagre, azúcar morena, margarina o mantequilla, avena, harina de trigo, azúcar, huevos, azúcar en polvo, sal, extracto de almendra, pintura vegetal roja
- libros
- botones u otros objetos para contar
- cestas de lavandería
- bolsas blancas de papel tamaño emparedados
- frascos de vidrio o plástico, frascos vacíos de alimento para bebés, botellas de cuello angosto, botellas de refresco
- olla y cuchara de cocina, cuenco, cacerola, bandeja de hornear, bandeja para galletas, vaso de vidrio, espátula, molde de aluminio para pastel, embudo
- canasta o bolsa de papel, escalera pequeña, cajas, cartón, liguilla
- tierra, arcilla, arena, una rama de arbusto, ramitas, una concha marina grande, piedras
- sobres, revistas, periódicos
- cuerdas o cintas, hilo de tejer, cordel
- canasta de artículos comestibles
- jarra de leche y una botella de agua
- reglamento o instructivo
- linterna eléctrica
- palo de escoba o pértiga
- detergente para vajilla
- una foto de su templo
- bolsas y bote de basura
- bolsas resellables de plástico
- calendario
- opcional: palitos de madera afilados (para insertar en las manzanas), tablas sujetapapeles, trajes de la época bíblica, cortina de baño clara o sábana blanca, pantalones de mezclilla viejos (blue jeans)

Bienvenido a la

Donde la Biblia se hace vida

Diviértase aprendiendo acerca de las historias bíblicas favoritas del Antiguo y Nuevo Testamentos. Cada lección en esta guía del maestro esta llena de juegos y actividades que harán el aprendizaje DIVERinspirante para usted y sus estudiantes. Con sólo algunos materiales adicionales, todo lo que el maestro necesita está incluido en el Paquete de DIVERinspiración® de la Zona Bíblica® de *Abingdon*.

Cada lección contiene un recuadro llamado En la Zona®:

 Dios quiere que compartamos nuestros dones y talentos con otras personas.

que se repite una y otra vez a través de la lección. En la Zona® declara el mensaje bíblico con palabras que sus estudiantes pueden aplicar a sus vidas.

Use las siguientes recomendaciones para que su viaje a la Zona Bíblica® esté lleno de DIVERinspiración® y sea ¡todo un éxito!

- Lea cuidadosamente cada lección. Lea los pasajes bíblicos.
- Memorice el versículo de la Biblia y el lema de En la Zona®.
- Escoja las actividades que se adapten a su grupo de estudiantes en particular y al tiempo que tenga disponible para dar la clase.
- Lea la historia de la Zona Bíblica®.
- Reúna los Accesorios de Zona® que usará para la lección.
- Reúna los materiales que necesite para la lección.
- Aprenda la música para la lección del disco compacto de DIVERinspiración®.
- Acomode su salón de tal manera que haya lugar para que sus estudiantes se muevan libremente y se puedan sentar en el piso.
- Fotocopie las páginas reproducibles para la lección.
- Fotocopie la página para estudiantes Zona Casera®.
- Fotocopie cualquier página reproducible (páginas 166-174).

Primarios mayores

Cada estudiante en su clase es un hijo o hija de Dios. Cada estudiante tiene su propio nombre, historia, situación familiar y conjunto de experiencias. Es importante recordar y celebrar las diferencias de cada estudiante. Sin embargo todos y todas tienen algunas necesidades comunes. Todos sus estudiantes necesitan:

- amor,
- un sentido de autoestima,
- sentir la satisfacción de obtener logros,
- tener un lugar seguro para ser ellos y ellas mismas y expresar sus sentimientos,
- estar rodeados de personas adultas que les amen,
- experimentar el amor de Dios.

Sus estudiantes de primaria mayores (de 9 a 12 años de edad) también tienen algunas características en común.

Sus cuerpos
- Están experimentando rápidos cambios físicos y emocionales.
- Sus cuerpos gastan mucha energía, algunas veces, dejándoles letárgicos.
- Hay muchas variaciones de desarrollo físico y emocional dentro de las edades que comprenden este grupo de estudiantes. Son distintos el uno del otro y distintos a lo que fueron hace sólo un corto tiempo.

Sus mentes
- Son pensadores concretos.
- Hacen sus planes de manera pragmática, trabajan hacia conclusiones lógicas.
- Les gusta identificar y expresar actitudes, ideas y sentimientos acerca de la desigualdad y el trato injusto de las personas.
- Les gusta reír y pueden ser simples.
- Están listos y listas para desarrollar actividades y habilidades bíblicas desafiantes.
- Están listos y listas para incrementar y usar un vocabulario relacionado a la fe cristiana.
- Tienen la capacidad de entender a la gente y lugares desconocidos por ellos.

Sus relaciones
- Quieren ser parecidos a todas sus amistades, pero reconocen que no lo son.
- En diferentes etapas de su desarrollo personal, pueden tener problemas aceptándose a sí mismos y a otros.
- Pueden parecer sofisticados cuando adoptan el lenguaje de los adultos.
- No les gusta parecer vulnerables e inocentes.
- Están comenzando a identificarse como personas aparte de sus familias.

Sus corazones
- Necesitan personas adultas que se preocupen en modelar actitudes y comportamientos cristianos.
- Necesitan verbalizar experiencias y preguntas acerca de la fe y Dios.
- Necesitan servir a la comunidad y al mundo en compañía de otras personas.
- Necesitan sentir que tienen una relación personal con Dios.
- Necesitan un sentido de pertenencia a la iglesia y a la comunidad de fe.

Abraham y Sara

Entra a la

Versículo bíblico
No tengas miedo, Abram, porque yo soy tu protector.

Génesis 15:1

Historia bíblica
Génesis 12:1-8; 15:1-6

En estos pasajes, aquel que eventualmente sería conocido como Abraham se le llama por otro nombre hebreo, *Abram,* que significa "padre exaltado". Dios le cambia el nombre en Génesis 17:5, cuando Dios le promete que de su descendencia surgirían muchas naciones. En hebreo, el nombre *Abraham* suena como "padre de muchas naciones" o "padre de multitudes". El nombre de su esposa también cambia, de *Sarai a Sara.* Mientras que ambos, *Sarai y Sara* significan "princesa", el nuevo nombre sugiere una nueva relación con Dios y con Abraham para dar origen a nuevas naciones o multitudes.

Cuando Dios llamó a Abram para que dejara su casa, él estaba pasando por un tiempo de aflicción por la muerte de su padre. Dios no esperó a que Abram le pidiera ayuda a causa de su aflicción, sino que se le allegó con un nuevo plan para su vida. Literalmente, el plan consistía en que Abram dejara su tierra y saliera en fe. Sin revelarle el destino final, Dios simplemente guió a Abraham "a la tierra que yo te mostraré". No había celulares, ni internet, ni siquiera un servicio postal que mantuviera a Abram y a Sarai en comunicación con la familia que dejaban atrás. Fue un completo acto de fe a través del cual Dios les guiaría. Dios prometió darle a Abram un gran nombre y concederle un lugar prominente en la memoria de futuras generaciones.

La bendición de Dios para Abram se extendería a su familia inmediata, y a través de él a todas las familias de la Tierra. Era una maravillosa promesa pero difícil de visualizar puesto que Sarai era estéril –maldecida con la imposibilidad de tener un hijo que llevara el nombre de la familia–. La mujer cargaba una doble calamidad pues era considerada la única responsable por la ausencia de descendencia y por determinar el sexo de la misma. En el capítulo 15 de Génesis nos encontramos a la pareja viviendo en la tierra de Canaán pero sigue sin tener hijos. Dios usa un brillante despliegue de estrellas para fortalecer la fe de Abraham, comparando el incalculable conjunto de estrellas con la descendencia de Abraham. Las estrellas que él podía ver era la descendencia que aún no podía ver, pero Abraham continuó creyendo, continuó teniendo fe.

¿En qué maneras serías tú, bendición para otras personas? Hoy día, ¿cómo podríamos convertirnos en bendición para "todas las familias de la tierra"? ¿Qué "bendiciones" has recibido de Dios, y cómo puedes usarlas para bendecir a otras personas?

Dios siempre está con nosotros, no importa dónde estemos.

Vistazo a la

ZONA	TIEMPO	MATERIALES	⊚ ACCESORIOS DE ZONAS®
Acércate a la zona			
Entra a la Zona	5 minutos	Página 170, tocadiscos de discos compacto	disco compacto
Mesa de celebración	5 minutos	mesa pequeña, mantel blanco, retazos de telas de diferentes colores, vela, Biblia, maleta, bufanda	ninguno
Descifra el enigma	5 minutos	Reproducible 1C, lápices	ninguno
Zona Bíblica®			
Presente el desierto	5 minutos	ninguno	rana afelpada, pizarra, tiza, o pizarra blanca, o marcadores
Disfruta la historia	10 minutos	Reproducibles 1A-B, tocadiscos de discos compactos, traje de la época bíblica	disco compacto
El viaje de Abraham	10 minutos	transparencia 1, proyector de transparencias	banderita de carreras
Una noche estrellada	10 minutos	ver página 17	ninguno
Viaje de relevos	5 minutos	ver página 17	banderitas de carreras, o pañuelos
Busca el versículo	5 minutos	Biblia, Reproducible 1D, crayones o marcadores de felpa	ninguno
Zona de Vida			
Versículo a voces	5 minutos	tocadiscos de discos compactos	pelota de playa de colores, araña de vinilo que se estira, disco compacto
Alabanza y oración	5 minutos	Reproducible 1E, tocadiscos de discos compactos, mesa de celebración, maleta, bufanda	disco compacto

⊚ Los Accesorios de Zona® se encuentran en el Paquete de **DIVERinspiración®**.

PRIMARIOS MAYORES: LECCIÓN 1

Acércate a la

Seleccione una o más actividades para capturar el interés de sus estudiantes.

Materiales:
Etiquetas para nombres (página 170)

Accesorios de Zona®:
disco compacto

Entra a la Zona

Reciba a cada estudiante con una alegre sonrisa. Si no se conocen, déles las etiquetas para que escriban su nombre (página 170).

Diga: ¡Bienvenidos a la Zona Bíblica! Estoy feliz de que estén aquí. Éste es un lugar divertido donde llegaremos conocer la Biblia.

Mesa de celebración

Materiales:
mesa pequeña
mantel blanco
retazos de telas de colores
vela
Biblia
maleta
bufanda larga

Accesorios de Zona®:
ninguno

Pídale a un niño o a una niña que haya llegado temprano que le ayude a preparar la mesa de celebración para cerrar la sesión más adelante. Cubra una pequeña mesa con un mantel blanco. En el centro coloque un retazo de tela que corresponda a la temporada cristiana (ver el recuadro abajo). Ponga también una vela y una Biblia. Esta semana ponga una bufanda larga y una maleta cerca de la vela.

Temporada	Período	Color	Significado
Adviento	4 domingos antes de Navidad	púrpura/azul	realeza de Cristo /esperanza
Navidad	Desde Nochebuena hasta la Epifanía	blanco/dorado	pureza/realeza
Epifanía/ordinario	Del 6 de enero a la Cuaresma	verde	crecimiento
Cuaresma	Del miércoles de ceniza a la Pascua	púrpura	penitencia
Pascua de Resurrección	De la Pascua a Pentecostés	blanco	pureza
Pentecostés	50 días después de la Pascua	rojo	El fuego del Santo Espíritu
Tiempo ordinario	Entre Pentecostés y Adviento	verde	crecimiento

Materiales:
Reproducible 1C
lápices

Accesorios de Zona®:
ninguno

Interpreta los dibujos

Reparta el **Reproducible 1C** y lápices, e invite a sus estudiantes a que lean la información que se le da y a que resuelvan lo que se pide.

Zona Bíblica®

Escoja una o más actividades para sumergir a sus estudiantes en la historia bíblica.

Presente el desierto

Siéntense juntos formando un círculo.

Diga: El tema de este trimestre es "En el desierto". Durante las primeras cinco sesiones vamos a imaginar que acompañamos a los hebreos, quienes, en ese momento histórico, eran esclavos en Egipto. Las siguientes seis sesiones nos imaginaremos con los hebreos cuando salieron de Egipto y marcharon por el desierto. Las últimas dos sesiones del trimestre son acerca de Juan el Bautista y Jesús, pues ambos pasaron un tiempo en el desierto.

Escriba "Faraona la Rana" en el pizarrón o en una hoja grande de papel y ponga en alto a la **rana afelpada**.

Diga: Ésta es Faraona la Rana. Cuando conversemos y ustedes quieran hablar levanten la mano y Faraona la Rana llegará hasta ustedes. Sólo podrá hablar la persona que tenga en las manos a Faraona la Rana. El gobernante de Egipto en la época en que los hebreos eran esclavos era llamado faraón. Dentro de unas pocas semanas aprenderemos algo acerca del faraón y de cómo Dios usó a las ranas para liberar a los hebreos. Ahora todos tienen la oportunidad de decirnos su nombre y mencionar un lugar a donde les gustaría viajar. No entren en detalles, sólo digan el lugar. Cuando estén listos, levanten la mano, y yo les pasaré a Faraona la Rana. Digan su nombre y cuéntenos a dónde les gustaría viajar. *(Permita hablar a sus estudiantes.)* La historia de hoy trata sobre dos personas a las que Dios les dijo que debían hacer un largo viaje, no sólo de vacaciones, sino que debían mudarse a una tierra desconocida.

Disfruta la historia

Reparta los **Reproducibles 1A-B**. Antes de la clase, pídale a alguna señora en la iglesia que se vista de Sara y lea la parte que le corresponde en la historia; o léalo usted. Pida a la clase que responda cantando «Dime, dime»; use la pista 5 del disco compacto para aprender el cántico. Detenga el tocadiscos durante las intervenciones de Sara.

El viaje de Abraham

Proyecte la transparencia 1 en la pared y localice la ciudad de Ur en el mapa. Recuérdeles a sus estudiantes que en ese lugar crecieron y se casaron Abraham y Sara. Pídale a un niño o a una niña que use una **banderita de carreras** para trazar la ruta del viaje de Abraham conforme avance la historia (Génesis 12:1-8; 15:1-6).

Materiales:
pizarrón blanco o de negro
marcadores o tiza

Accesorios de Zona®:
rana afelpada

Materiales:
Reproducibles 1A-B
tocadiscos de discos compactos
traje de la época bíblica

Accesorios de Zona®:
disco compacto

Materiales:
proyector de transparencias

Accesorios de Zona®:
transparencia 1
banderita de carreras

PRIMARIOS MAYORES: LECCIÓN 1

Historia de la  Bíblica

¡Sara y Abraham confían!

Sara: Mi nombre es Sara, aunque alguna vez fui conocida como Sarai. Mi esposo, el gran patriarca Abraham, solía ser llamado Abram. Nuestros nombres cambiaron con una promesa que Dios nos hizo. Pero déjenme contarles nuestra historia.

(Toque la pista 5 del disco compacto, "Dime, dime". Anime a sus estudiantes a cantar.)

Dime, dime, ¿sabes qué?
Dios le habló a un hombre y a una mujer.
Abraham y Sara son.
Vida nueva Dios les dio.

(Pause el disco.)

Sara: Abraham y yo crecimos en la tierra de Ur, cerca del Golfo Pérsico en la región de Caldea. Después de casarnos, nos mudamos con mi suegro a la ciudad de Harán, a 550 millas de distancia aproximadamente. Después de muchos años, mi suegro murió en Harán, y para mi sorpresa un día, de la nada, Abraham me dijo que ¡nos mudaríamos otra vez! Pueden imaginarse qué sorprendida estaba yo. Abraham me explicó que Dios le había dicho que debía mudarse, sin darle la más mínima idea de adonde habríamos de ir.

(Continúe con el cántico "Dime, dime" desde el punto donde pausó el disco compacto. Anime a sus estudiantes a cantar.)

Hace mucho tiempo atrás,
Dios dijo lo que han de esperar.
Deja atrás hogar, país.
A otro sitio debes ir.

(Pause el disco compacto.)

Sara: Dios también le dijo a Abraham que seríamos bendecidos y que nuestros descendientes formarían una gran nación. Eso si fue realmente una sorpresa porque yo no había podido tener hijos. ¿Cómo podrían nuestros descendientes formar una gran nación cuando ni siquiera teníamos hijos? Esto parecía imposible, pero Dios puede hacer posible lo imposible. Así dijo Dios:

(Continúe con el cántico «Dime, dime» desde el lugar donde pausó el disco compacto la última vez. Anime a sus estudiantes a cantar.)

Yo te daré a Canaán.
Muchas bendiciones se te darán.
Tu nombre conocerán
y bendición recibirán.

(Pause el disco compacto.)

Sara: Dios no sólo nos dio bendiciones, sino que también prometió que el mundo sería bendecido y que el nombre de Abraham sería grandioso. Así pues, recogimos todas nuestras pertenencias, reunimos a toda nuestra gente y nos pusimos en camino hacia aquella tierra llamada Canaán. Sabía que sería ¡un viaje largo!

(Continúe con el cántico «Dime, dime» desde el punto donde pausó el disco compacto. Anime a sus estudiantes a cantar.)

Abraham creyó al Señor
Y en lo que dijo fiel confió.
Tomó sus cosas y partió
al sitio que su Dios le dio.

(Pause el disco compacto.)

Reproducible 1A
Permiso de fotocopiado otorgado para uso de la iglesia local. © 2007 Abingdon Press.

Zona Bíblica®

Sara: Al fin, nos detuvimos en un lugar llamado Siquem, donde vivían los cananeos. Allí Abraham construyó un altar para adorar a Dios. Después viajamos otro poquito, y Abraham erigió otros altares en Betel y en Hebrón, donde por fin nos establecimos. Era tan bueno tener de nuevo un lugar al cual llamar hogar, pero seguíamos sin tener hijos. Abraham tenía miedo de morir y que todas lo que tenía fuera heredado por el hijo de uno de sus sirvientes. Dios lo llevó afuera, bajo el cielo nocturno y le dijo que admirara el firmamento.

(Continúe con el cántico «Dime, dime» desde el punto donde pausó el disco compacto. Anime a sus estudiantes a cantar.)

Dios volvió a hablar con él.
Le dijo que un bebé le nacerá
y más serán los que vendrán.
No vas a poderlos contar.

(Pause el disco compacto.)

Sara: La razón de que yo les esté contando esta historia es que nosotros aprendimos a confiar verdaderamente en Dios. Y como ustedes ya saben, ¡al fin tuve un hijo! Les contaré de esto la próxima semana.

(Continúe con el cántico «Dime, dime» desde el punto donde pausó el disco compacto. Anime a sus estudiantes a cantar.)

Y el tiempo al fin llegó.
Abraham en Dios confió
y de Sara le nació
Isaac le llamó.

(Pause el disco compacto.)

Sara: Espero que mi historia les ayude a saber que pueden confiar en Dios, no importa dónde estén y no importa qué tan extrañas sean las promesas de Dios. Confíen en Dios incluso cuando la espera sea larga.

(Continúe con el cántico "Dime, dime" desde el punto donde pausó el disco compacto. Anime a sus estudiantes a cantar.)

Dime, dime, ¿sabes qué?
¿Confiarás así en Dios?
Sé paciente y fíate.
Dios promete serte fiel.

Se nos llama a esperar.
Dios no nos deja, no, al andar.
Dios siempre nos da su amor;
promesa de un mundo mejor.

"Dime, dime"
LETRA: Jenni Duncan; trad. por Julito Vargas
MÚSICA: Tradicional
© 2007; trad. © 2007 Abingdon Press, admin. por The Copyright Co., Nashville, TN 37212

Yo estoy contigo siempre

Dios ha prometido estar con nosotros siempre, no importa dónde estemos. Hay veces, sin embargo, en que puede ser difícil creer que Dios está con nosotros. Escondidos en el dibujo hay identificados diez ejemplos de esas ocasiones. Identifica las palabras con sus ilustraciones.

Escoja una o más actividades para sumergir a sus estudiantes en la historia bíblica.

Una noche estrellada

Diga: Dios le prometió a Abraham que su descendencia sería tan numerosa como las estrellas en el firmamento. Vamos a usar crayones para hacer grabados de una noche estrellada que nos recuerde que Dios cumple sus promesas, aunque parezcan imposibles. Primero vamos a cubrir la página entera con marcador amarillo y luego ponemos encima una capa de crayón negro o azul marino. Enseguida, con una de las herramientas de grabado, haremos estrellas por toda la página quitando el negro o azul y permitiéndole brillar al amarillo a través de las raspaduras. *(Reparta papel blanco, marcadores amarillos, crayones negros y azul marino, y herramientas de grabado; vea los ejemplos en los materiales al margen. Pida a una niña o niño que lea Génesis 15:5-6.)*

Materiales:
papel blanco
marcadores amarillos
crayones negros o azul oscuro
herramientas de grabado como grapas, broquetas de madera o cuchillos de plástico

Accesorios de Zona®:
ninguno

Viaje de relevos

Delinee con cinta adhesiva oscura una línea de salida en el piso. Coloque dos sillas en el otro extremo del salón, ambas a igual distancia de la línea de salida. Divida al grupo en dos equipos y dígales que van a competir en una carrera a Canaán. Alínee a ambos equipos detrás de la salida. Al lado de cada equipo debe haber una maleta y una pila de ropa; ambas pilas de ropa deben contener los mismos cinco artículos.

Diga: Probablemente, durante el viaje por el desierto se levantaba mucho polvo, así que cada jugador o jugadora, se cubrirá la cara cuando sea su turno -inclusive los ojos- con un pañuelo. Cada participante debe poner la ropa en la maleta, cerrarla, correr hasta la silla en el otro extremo del cuarto, abrir la maleta y ponerse la ropa. Luego debe cerrar la maleta, correr de regreso, quitarse la ropa, el pañuelo y ponerlo todo en el suelo junto al siguiente jugador, que repetirá el proceso hasta que todos hayan hecho el recorrido. La última persona en la fila de cada equipo estará sentada y se encargará de ondear la bandera de carreras cada vez que un o una participante regrese; la persona que ondea la bandera se pondrá de pie y ondeará la bandera cuando cualquiera de sus jugadores esté de regreso en la línea y se haya quitado toda la ropa.

Materiales:
dos maletas
dos juegos de equipaje con artículos de ropa idénticos como sudaderas grandes, zapatillas grandes sin talón, sombreros, bufandas, brazaletes, collares, pantalones abombados, delantales, pantalones cortos de ejercicio
cinta adhesiva para paquetes

Accesorios de Zona®:
banderitas de carreras
pañuelos

Encuentra el versículo

Reparta las Biblias e indique a sus estudiantes que localicen Génesis 15:1; sugiérales que usen el índice. Explique que el primer número se refiere el capítulo, y los números siguientes a los dos puntos son los versículos. Pida voluntarios para leer el versículo. Reparta el **Reproducible 1 D** y crayones o marcadores. Diga a sus estudiantes que sigan las indicaciones para encontrar el versículo. Aclaréles que el versículo no significa que Dios va a evitar mágicamente que sucedan cosas malas. Si nos vemos involucrados en situaciones malsanas, es muy posible que sucedan cosas malas. Pero sabemos que Dios está con nosotros, incluso en situaciones difíciles.

Materiales:
Biblias
Reproducible 1D
crayones o marcadores de felpa

Accesorios de Zona®:
ninguno

PRIMARIOS MAYORES: LECCIÓN 1

 de Vida

Escoja una o más actividades para que la Biblia cobre significado en la vida diaria.

Materiales:
tocadiscos de discos compactos

Accesorios de Zona®:
pelotas de playa de colores
araña de vinilo
discos compacto

Versículo a voces

Diga: Abraham y Sara hicieron un largo viaje, yendo poco a poco de un lugar a otro. Cuando ponga la música, voy a pasarles esta colorida pelota para que la circulen despacito, de persona a persona. Cuando detenga la música, quien tenga la pelota empezará el juego.

Pídales a sus estudiantes que se sienten formando un círculo. Ponga «Yo estoy contigo» **(disco compacto, pista 4)** y empiece a pasar la pelota. Cuando la música termine, cambie la pelota de playa por una **araña de vinilo**.

Diga: Voy a pasar la araña por el círculo; cuando cada estudiante la tenga en las manos tiene que poner cara de miedo. Los demás responderemos gritando el versículo bíblico, "No tengas miedo, porque yo soy tu protector". La araña seguirá pasando y haremos lo mismo con cada persona. Después empezaremos nuevamente la vuelta al círculo, pero en esta ocasión haremos ruidos de miedo en vez de caras. Luego daremos otra vuelta y cada quien compartirá algo que le asustaba cuando era chiquito, pero que ya no les asusta tanto ya, porque hemos crecido y hemos comenzado a confiar en la presencia de Dios. *(Después de recorrer el círculo, repita el versículo bíblico una vez más.)*

Materiales:
Reproducible 1C
tocadiscos de discos compactos
mesa de celebración
bufanda larga
maletín de equipaje

Accesorios de Zona®:
disco compacto

Alabanza y oración

Siéntense frente a la mesa de celebración.

Diga: Cada vez que cerremos nuestra sesión, nos reuniremos aquí. Ésta es nuestra "mesa de celebración", donde podemos celebrar nuestro tiempo juntos y lo que hemos aprendido *(Explique la temporada y el color de hoy.)* En cada ocasión habrá algo en la mesa para recordarnos nuestro tema. Hoy tenemos una maleta, que nos recuerda el viaje de Abraham y Sara, y cómo Dios les prometió estar con ellos. Cada vez que prendamos la vela recordaremos que Dios está con nosotros, no importa dónde estemos o qué estemos haciendo. Aprenderemos un cántico que usaremos para indicarnos que vamos a reunirnos alrededor de la mesa de celebración.

Encienda la vela y reparta fotocopias de «Yo estoy contigo» **(Reproducible 1E; disco compacto, pista 4)**. Pídales que canten. Cuando terminen, recoja el reproducible para usarlo en otras sesiones.

Ore así: Dios, hay veces que tenemos miedo. Pero sabemos que tú has prometido estar con nosotros en todo momento. Danos el valor para confiar en tus promesas, incluso en los momentos en que nos da temor. Amén.

Entregue a cada estudiante una copia de la Zona Casera®.

 # Casera para estudiantes

MAPA EN ROMPECABEZAS

Para hacer un rompecabezas de un mapa, haz lo siguiente:

Encuentra un mapa que ya nadie use, aunque esté un poco maltrecho.

Selecciona dos localidades y traza en el mapa una ruta entre ellas (no necesariamente la ruta más corta) con un marcador fosforescente.

Pega el mapa a una pedazo de cartón con pegamento blanco. Déjalo aparte para que seque.

Corta el mapa en piezas de rompecabezas.

Revuelve las piezas y dile a un amigo que te ayude a encontrar tu camino uniéndolas otra vez, armando la ruta que trazastes.

Zona para pensar

Registra las veces en la semana que el recordar el versículo para memorizar te ayudó. ¿Cómo puedes recordarte de repetir el versículo?

Versículo para memorizar

No tengas miedo, Abram, porque yo soy tu protector.
Genesis 15:1

Mezcla de golosinas de Sara y Abraham

Mezcla los siguientes ingredientes en un recipiente grande. Guarda la mezcla en un recipiente herméticamente cerrado. Siéntete libre de sustituir o añadir ingredientes que te gusten o que tengas a la mano.
4 tazas de cacahuates
1 taza de almendras enteras o nueces de marañón
½ taza de semillas de girasol
1 taza de pasitas
1 taza de dulces M&M
2 tazas pretzels pequeños o de galletas de animalitos

Dios siempre está con nosotros, no importa dónde estemos.

Permiso de fotocopiado otorgado para uso de la iglesia local. © 2007 Abingdon Press.

Encuentra el versículo

Lee Génesis 15:1. Sigue el código de color que se encuentra abajo y descubre el versículo de la Biblia y un dibujo de una situación en particular en la que el versículo te ayudará. Quizá el versículo esté escrito ligeramente diferente al de tu Biblia porque hay distintas traducciones de la palabra de Dios.

• = rojo   u = verde   △ = crema   ♡ = amarillo oscuro
X = naranja   ⊙ = azul   2 = negro   − = café
v = rosado   ○ = amarillo   ℓ = púrpura

Reproducible 1D

Permiso de fotocopiado otorgado para uso de la iglesia local. © 2007 Abingdon Press.

Zona Bíblica®

Cántico de

Yo estoy contigo

Pues yo estoy contigo.
Pues yo estoy contigo.
Por dondequiera que tú vayas.
Por dondequiera que tú vayas.
Cuidándote siempre estaré.
Cuidándote siempre estaré.

LETRA: Génesis 28-15; trad. por Carmen Saraí Pérez
MÚSICA: Philip R. Dietrich
© 1969 Graded Press; trad. © 2007 Abingdon Press, admin. por The Copyright Co., Nashville, TN 37212

 **Dios siempre está con nosotros, no importa dónde estemos.**

Los tres visitantes

Entra a la

Versículo bíblico

La alianza que hago contigo, y que haré con todos tus descendientes en el futuro, es que yo seré siempre tu Dios y el Dios de ellos.

Génesis 17:7

Historia bíblica
Génesis 17:1-7, 15-17; 18:1-15; 21:1-8

Una vez más, Dios afirma la promesa que le hizo a Abraham. Frecuentemente escuchamos hablar acerca de la paciencia de Job, pero si consideramos el número de años que Abraham esperó por el cumplimiento de la promesa divina, tal vez él se llevaría el récord de persona paciente. Abraham tenía 75 años cuando dejó Harán, y tenía 100 cuando nació Isaac.

25 años es mucho tiempo para esperar por una promesa. Sin embargo, Dios le recordaba constantemente la promesa a Abraham, al igual que nos la recuerda a nosotros hoy en día.

¿Cuándo has tenido dificultad con la espera? ¿Cuándo has sentido que aunque confías en que Dios resuelve las dificultades, esto ocurre muy lentamente. Abraham necesitaba recordatorios, y nosotros también.

La historia de los tres visitantes angelicales revela la pronta hospitalidad por parte de Abraham, y el temor generado en Sara. Es como si Abraham hubiese sabido que estos hombres eran especiales. No eran viajeros casuales que pasaban por la tienda de campaña de Abraham. Ellos iban con un propósito, y Abraham mandó a matar al mejor becerro para ellos, y Sara hizo el pan. En un capítulo previo del Génesis (17:17) vemos a Abraham riendo acerca de la posibilidad de que Sara tuviese un hijo, y ahora, cuando los forasteros le dicen a Abraham que tendrá un hijo de Sara dentro de un año, es el turno de Sara para reír, con una risa nerviosa, temerosa.

El tema de la risa se confirma con el nombre del niño: *Isaac,* que significa "el que ríe". Esa "broma privada" se convierte en pública con el nacimiento; ahora, como Sara predice, las risas se propagan y el mundo entero ríe con ella. La risa no es de desprecio, y no es más de temor, ¡sino de júbilo! ¡Dios ha hecho algo maravilloso!

Podemos esperar en las promesas de Dios.

Vistazo a la

ZONA	TIEMPO	MATERIALES	ACCESORIOS DE ZONA®
Acércate a la zona			
Entra a la zona	5 minutos	página 170	ninguno
Mesa de celebración	5 minutos	ver página 24	ninguno
¿Cómo nombrar al bebé?	5 minutos	Reproducible 2C, lápices	ninguno
Zona Bíblica®			
Búsqueda en la Biblia	10 minutos	Reproducible 2D, lápices, Biblias	ninguno
Disfruta la historia	10 minutos	Reproducibles 2A-B, tocadiscos de discos compactos, traje de la época bíblica	disco compacto
Otros nombres	5 minutos	Reproducible 2C	rana afelpada
Haz un sello	10 minutos	trozos de esponja, tijeras, pegamento, palitos de artes manuales, papel y lápices, tinta o pintura	ninguno
Captura las promesas de Dios	5 minutos	una o más monedas para cada estudiante	ninguno
Los actos imposibles	5 minutos	ver página 29	rana afelpada, globo
Zona de Vida			
Alabanza y oración	5 minutos	Tocadiscos de discos compactos, Reproducible 1E	rana afelpada, disco compacto
Canta el "Himno de promesa"	5 minutos	Reproducibles 1E y 2E, tocadiscos de discos compactos, mesa de celebración, cualquier documento sellado	rana afelpada, disco compacto

Los Accesorios de Zona® se encuentran en el Paquete de **DIVERinspiración®**

PRIMARIOS MAYORES: LECCIÓN 2

Acércate a la

Seleccione una o más actividades para capturar el interés de sus estudiantes.

Materiales:
etiquetas para nombres (página 170)

Accesorios de Zona®:
ninguno

Entra a la Zona

Salude a cada estudiante con una alegre sonrisa.

Diga: ¡Bienvenidos a la Zona Bíblica. Estoy feliz de que estén aquí. Éste es un lugar divertido donde venimos a conocer la Biblia.

Si sus estudiantes no se conocen entre sí, entrégueles las etiquetas con sus nombres (página 170).

Materiales:
mesa pequeña
mantel blanco
retazos de telas de colores
vela
Biblia
un documento sellado

Accesorios de Zona®:
ninguno

Mesa de celebración

Pídale a uno de los niños o de las niñas que hayan llegado temprano que le ayude a preparar la mesa de celebración. Acomode la mesa con el color apropiado, la vela y la Biblia, de acuerdo con las instrucciones de la página 12.

Para esta sesión coloque junto a la vela un diploma u otro documento que tenga un sello, de notaría pública por ejemplo.

Materiales:
Reproducible 2C
lápices

Accesorios de Zona®:
ninguno

¿Cómo nombrar al bebé?

Entregue a cada estudiante una copia del **Reproducible 2C** y un lápiz. Dígales que sigan las indicaciones allí escritas.

Escoja una o más actividades para sumergir a sus estudiantes en la historia bíblica.

Búsqueda en la Biblia

Reparta los **Reproducibles 2D,** lápices y Biblias. Pídales a sus estudiantes que trabajen en parejas para que descifren las palabras.

Materiales:
Reproducible 2D
lápices
Biblias

Accesorios de Zona®:
ninguno

Disfruta la historia

Reparta los **Reproducibles 2 A-B.** Si consiguió a alguien que se vistiera de Sara la semana pasada, haga lo mismo esta semana. Diga a sus estudiantes que cantarán otra vez "Dime, dime" (disco compacto, pista 5) respondiendo a las intervenciones de la historia de Sara.

Materiales:
Reproducibles 2A-B
tocadiscos de discos compactos
traje de la época bíblica

Accesorios de Zona®:
disco compacto

Otros nombres

Pídales a sus estudiantes que se fijen otra vez en las descripciones de los nombres en el **Reproducible 2C** y que se decidan por otros nombres apropiados para que Abraham y Sara le pusieran a su hijo.
Use a Faraona la rana la **rana afelpada,** durante la discusión pasándola a cada estudiante que quiera hacer un comentario.

Materiales:
Reproducible 2C

Accesorios de Zona®:
rana afelpada

Haz un sello

Diga: En épocas pasadas las personas importantes solían tener anillos con un diseño único. Acostumbraban poner cera derretida sobre un documento, luego presionaban su anillo particular contra la cera y dejaban una marca propia con el diseño del anillo; esto se llama lacre. El lacre sellaba una promesa o garantizaba que la declaración hecha en un documento fuera verdadera porque tenía la impresión del anillo de quien hacía la promesa. Hoy en día un notario público tiene un instrumento de repujado sobre papel que se usa encima de su firma del mismo modo, verificando así la firma. También se lacran diplomas y otros documentos importantes.

Reparta papel y lápices, pequeños trozos de esponja, tijeras, pegamento blanco y palitos de madera de artes manuales.

Diga: Vamos a hacer sellos que podrán usar cuando escriban una carta o hagan una promesa especial a alguien. Para ello, cada estudiante decidirá su propio diseño especial. Primero hay que dibujarlo en papel, luego delinearlo y recortarlo en un pedazo de esponja, y después se pega la esponja a un palito de madera. La esponja se entinta y se aplica al papel o a la carta.

Materiales:
trozos de esponja
tijeras
pegamento blanco
palitos de madera de artes manuales
papel y lápices
tinta o pintura

Accesorios de Zona®:
ninguno

PRIMARIOS MAYORES: LECCIÓN 2

Historia de la Zona Bíblica

La promesa se hace realidad

Sara dice:
Ahora terminaré mi historia. Les dije que mi nombre de nacimiento era *Sarai*, que significa "princesa". El nombre de nacimiento de mi esposo era *Abram*, que significa "padre exaltado". Dios cambió nuestros nombres cuando mi esposo tenía noventa y nueve años.

Como recordarán, Dios había prometido que tendríamos más descendientes que estrellas en el firmamento. Francamente, yo comenzaba a dudarlo. Yo no había podido tener hijos en mi juventud, y ninguna mujer tiene hijos ¡a los noventa!

(Toque la pista 5 del disco compacto, "Dime, dime". Anime a sus estudiantes a cantar.)

Dime, dime, ¿sabes qué?
Dios le habló a un hombre y a una mujer.
Abraham y Sara son.
Vida nueva Dios les dio.

(Pause el disco.)

Sara dice:
Pero Dios vino a Abraham otra vez. Fue cuando Dios cambió su nombre por *Abraham*, que significa "padre de muchas naciones" o "padre de multitudes". Dios cambió mi nombre por el de Sara, que significa lo mismo; en mi caso, el cambio significó tanto como el nombre. Dios le dijo a Abraham que yo sería quien le ayudaría a forjar esas muchas generaciones, así que el significado de "princesa" era ahora todavía más importante para mí.

(Continúe con el cántico "Dime, dime" desde el punto donde pausó el disco compacto. Anime a sus estudiantes a cantar.)

Hace mucho tiempo atrás,
Dios dijo lo que han de esperar.
Deja atrás hogar, país.
A otro sitio debes ir.

(Pause el disco compacto.)

Sara dice:
La vez siguiente que Dios le habló a Abraham fue por medio de tres hombres. Era una calurosa tarde de verano en Mamré. Cerca de algunos robles, Abraham dormitaba sentado a la entrada de nuestra carpa. Cuando levantó la mirada, vio a los hombres, se despertó por completo. Se apresuró a darles la bienvenida, les ofreció comida y bebida, así como agua para lavar sus cansados pies. Cuando ellos aceptaron, me dijo que horneara algo de pan, y se dio prisa en seleccionar un becerro especial para el banquete.

Mientras ellos comían, uno de los hombres preguntó por mí. Yo estaba cerca en la tienda, y le oí decir, "Regresaré el año próximo y entonces Sara tendrá un hijo". Yo no podía imaginarme teniendo un hijo a mi edad. Fue tan sorprendente que ¡una risilla escapó de mis labios!

El hombre, que parecía ser el Señor, dijo, "¿Por qué se ríe? ¿Acaso ella duda que pueda tener un hijo sólo porque es mayor? "Hay acaso algo tan difícil que el Señor no pueda hacerlo". Yo volveré, y puedes estar seguro de que Sara tendrá un niñito".

Reproducible 2A
Permiso de fotocopiado otorgado para uso de la iglesia local. © 2007 Abingdon Press.

Zona Bíblica

Yo estaba tan asustada que negué haberme reído. Debí haber confiado y creer, porque realmente pasó. El siguiente año, tuvimos un niño al que llamamos *Isaac, que significa "el que ríe"*. Dios me hizo reír, y ahora todo el mundo reirá conmigo. En nuestra vejez tenemos un hijo, ¡un niño nos trajo júbilo!

(Continúe con el cántico "Dime, dime" desde el punto donde pausó el disco compacto. Anime a sus estudiantes a cantar.)

Yo te daré a Canaán.
Muchas bendiciones se te darán.
Tu nombre conocerán
y bendición recibirán.

Abraham creyó al Señor
Y en lo que dijo fiel confió.
Tomó sus cosas y partió
al sitio que su Dios le dio.

Dios volvió a hablar con él.
Le dijo que un bebé le nacerá
y más serán los que vendrán.
No vas a poderlos contar.

Y el tiempo al fin llegó.
Abraham en Dios confió
y de Sara le nació
Isaac le llamó.

Dime, dime, ¿sabes qué?
¿Confiarás así en Dios?
Sé paciente y fíate.
Dios promete serte fiel.

Se nos llama a esperar.
Dios no nos deja, no, al andar.
Dios siempre nos da su amor;
promesa de un mundo mejor.

"Dime, dime"
LETRA: Jenni Durcan; trad. por Julito Vargas
MÚSICA: Tradicional
© 2007; trad. © 2007 Abingdon Press, admin. por The Copyright Co., Nashville, TN 37212

Podemos esperar en las promesas de Dios.

¿Cómo nombrar al bebé?

Abraham y Sara van a tener un bebé. Como ellos eran muy mayores, Sara se rió de la idea, pero Dios les había prometido un hijo que comenzaría una gran nación. Ayúdales a escoger el nombre apropiado para su bebé seleccionando la descripción que creas más conveniente de la lista que sigue al anuncio del nacimiento. Encuentra el nombre correspondiente y escríbelo en el espacio asignado. Las respuestas están al pie de la página.

Regocijémonos con Abraham y Sara por el nacimiento de un niño en su vejez. ¿Qué nombre se le ha de dar a éste que ha hecho realidad la maravillosa promesa de Dios?

1. varonil _____
2. amado _____
3. él juzgó _____
4. hijo de la mano derecha _____
5. regalo _____
6. Jehová es Dios _____
7. Jehová es misericordioso _____
8. él que ríe _____
9. regalo de Jehová _____
10. ¿quién es como Dios? _____
11. dador _____
12. Dios ha dado _____
13. amigo _____
14. Jehová es salvación _____
15. honrar a Dios _____

1 Andrés, 2 David, 3 Dan, 4 Benjamín, 5 Jesús, 6 Joel, 7 Juan, 8 Isaac, 9 Mateo, 10 Miguel, 11 Natán, 12 Natanael, 13 Felipe, 14 Isaías, 15 Timoteo

Escoja una o más actividades para sumergir a sus estudiantes en la historia bíblica.

Captura las promesas de Dios

Materiales:
una o más monedas por estudiante

Accesorios de Zona®:
ninguno

Diga: Dios hizo a Abraham y a Sara una promesa que parecía imposible, pero ellos reconocieron la promesa enseguida. A veces parece que no hacemos nuestras las promesas que Dios nos ha hecho. Vamos a jugar un juego que puede recordarnos que hemos de movernos rápidamente y capturar la promesa de Dios. He aquí cómo lo harán.

Si estás usando mangas largas, enróllalas arriba de tus codos.
Dobla el codo para hacerlo sobresalir recto frente a ti, con el dorso de la mano casi tocando tu hombro.
Coloca una moneda en tu codo, luego baja de golpe el brazo y atrapa la moneda con la mano. Muévete con rapidez porque la moneda quedará "suspendida" en el aire sólo por un instante antes de caer.

Una vez que sus estudiantes dominen el juego, puede aumentar el número de monedas.

Los actos imposibles

Materiales:
bicarbonato de sodio
botella plástica de refresco (u otra botella con un cuello angosto que se acomode al globo)
vinagre

Accesorios de Zona®:
rana afelpada
globo

Antes de la clase, pon una cucharada de bicarbonato de sodio dentro de un globo desinflado y llena con vinagre la cuarta parte de una botella plástica de refresco de litro (u otra botella con un cuello angosto que se adecue al globo).

Muestre a sus estudiantes el globo desinflado.

Pregunta: ¿Ustedes creen que sea posible para mí inflar este globo sin usar mi boca o cualquier otra boca o una bomba de aire? ¿Es imposible?

Pídales a sus estudiantes que observen mientras usted acomoda el cuello del globo en el cuello de la botella de manera que el bicarbonato de sodio caiga en el vinagre. El globo comenzará a inflarse lentamente. Use la rana afelpada Faraona la rana, para dirigir la discusión.

Pregunte: ¿Qué pensaron cuando les dije que podía inflar el globo sin usar mi boca? ¿Cuándo tuvieron que hacer algo que parecía imposible? ¿Cómo pudieron hacer lo que parecía imposible? ¿Qué otras cosas tienen que hacer a veces que parecen imposibles? Inflar este globo no fue magia; lo hice combinando algunos ingredientes especiales. Dios puede ser el ingrediente especial que nos ayude a hacer algunas cosas que parecen imposibles. Podemos esperar en las promesas de Dios, incluso cuando las cosas aparentan ser imposibles.

PRIMARIOS MAYORES: LECCIÓN 2

 de Vida

Escoja una o más actividades para que la Biblia cobre significado en la vida diaria.

Materiales:
Reproducible 1E
tocadiscos de discos compactos
cualquier documento sellado

Accesorios de Zona®:
rana afelpada
disco compacto

Alabanza y oración

Usando el cántico "Yo estoy contigo" **(Reproducible 1E; disco compacto, pista 4)**, llame a la clase a la mesa de celebración para el momento de Alabanza y oración. Encienda la vela e indique el color apropiado de la temporada y sobre el diploma (u otro documento marcado con un sello o lacre de notario público) que se encuentra en la mesa. Use a Faraona la rana para dirigir la discusión.

Pregunte: ¿De qué manera este documento les recuerda nuestro versículo bíblico de hoy? ¿Cuáles promesas, de las que Dios nos ha hecho, pueden recordar? *(Que Dios estará con nosotros, no importa lo qué pase; que Dios nos ama; que Dios siempre hace que el día siga a la noche; que Dios nos brinda las estaciones del año; que Dios nos provee de alimento.)*

Materiales:
Reproducibles 1E y 2E
tocadiscos de discos compactos
mesa de celebración

Accesorios de Zona®:
rana afelpada
disco compacto

Canta el "Himno de promesa"

Reparta las copias del "Himno de promesa" **(Reproducible 2E; disco compacto, pista 7)**. Ponga la primera estrofa y canten juntos. Después pida voluntarios para leer las tres estrofas en voz alta para toda la clase. Dirija la discusión usando a Faraona la rana.

Pregunte: En este himno, ¿qué cosas promete Dios que parecen, al menos por un momento, estar escondidas? *(Una flor escondida en un botón, un futuro manzano dentro de una semilla, una mariposa en un capullo, la primavera que surge del frío invernal, una canción creada a partir del silencio, el amanecer que sigue a cada noche oscura, una nueva creencia que proviene de la duda, resurrección y una nueva vida que viene sólo después de la muerte.)* **¿Cómo se relacionan las palabras de este himno con la historia de Abraham y Sara?** *(La promesa de Dios de crear toda una nación a pesar de la esterilidad de Sara. Sólo Dios puede hacer eso. Ellos creían en las promesas del Señor aunque no tuvieran clara evidencia de su cumplimiento.)*

Ore: Gracias, Dios, porque has escondido las flores en sus botones, los manzanos en las semillas y las mariposas en sus capullos. Sabemos que tú prometes muchas y grandes cosas para nosotros. Ayúdanos a reconocer tus promesas y a apreciarlas. Amén.

Entregue a cada estudiante una copia de la Zona Casera®
para que se la lleve.

Zona Bíblica®

# Casera para estudiantes

Compota de manzana para celebrar

6 manzanas medianas
3 cucharadas de agua
1 cucharada de jugo de limón
¼ o ½ taza de azúcar morena
1 cucharadita de canela molida

Lava y pela las manzanas. Quítales el centro y córtalas en pedazos grandes.

Combina todos los ingredientes en una olla grande. Cocina a fuego medio cerca de 20 minutos hasta que las manzanas estén suaves, moviendo con frecuencia.

Machaca las manzanas o ponlas en la licuadora.

Zona para pensar

¿Qué promesas de Dios he pasado por alto? ¿Qué promesas puedo compartir con otras personas?

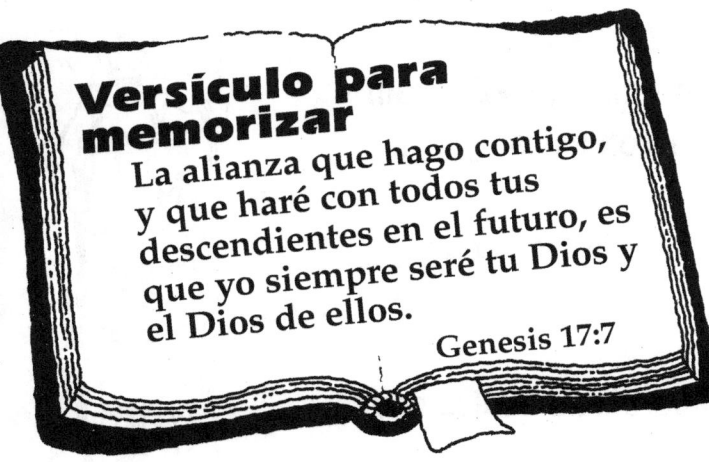

Versículo para memorizar

La alianza que hago contigo, y que haré con todos tus descendientes en el futuro, es que yo siempre seré tu Dios y el Dios de ellos.

Genesis 17:7

Libro de promesas

Dios hizo una promesa a Abraham y a Sara, tal como nos las hace hoy en día. Vemos las promesas en la naturaleza y en la gente. Haz un diario para registrar las promesas de Dios que descubras día a día.

Para hacer el diario necesitarás:
1 pliego de papel de construcción, del color que desees
10 hojas de papel de tamaño 8 ½ por 11 pulgadas, cortadas a la mitad
2 sujetadores de papeles,
perforadora

Dobla el papel de construcción por la mitad (formandolo en 4 ½ x 6 pulgadas). Haz dos perforaciones centradas en la orilla del doblez. Asimismo, dobla a la mitad las hojas de papel que cortaste y hazles las perforaciones correspondientes. Coloca las hojas dentro del papel de construcción doblado doblado y pasa los sujetadores por los orificios y asegúralos. Decora la portada de tu diario.

Podemos esperar en las promesas de Dios.

Búsqueda en la Biblia

Busca los pasajes de las Escrituras para descubrir las palabras. Escribe las palabras que vayas aclarando en los espacios en blanco.

1. Cuando Abram tenía vntoaeneeunyv ñsoa _____, el Señor se le apareció otra vez. (Génesis 17:1)

2. La promesa de Dios era darle más snetdcsdneiee de los que podría contar. (Génesis 17:2)

3. El nombre de Abram fue cambiado por hmraaba _____. (Génesis 17:5)

4. El de raias ___ fue cambiado por arsa ___. (Génesis 17:15)

5. Cuando Abraham vio que tres hombres estaban cerca de su tienda, de pie frente a él, les ofreció un poco de agua para que se avlnara _____ los spei ___. Luego preparó recna _____ y Sara preparó anp ___. (Génesis 18:1-8)

6. Cuando los invitados dijeron que Sara tendría un hijo, ella esóri ___ ____. (Génesis 18:10-16)

7. El Señor iócmlup _____ su promesa, y Abraham y Sara tuvieron un hijo a quien llamaron asica ____. (Génesis 21:1-4)

8. Cuando su hijo nació, Abraham tenía niec sñao ___. (Génesis 21:5)

Busca Génesis 17:5 y escribe el versículo bíblico aquí:
_____
_____
_____

Reproducible 2D

Cántico de

Himno de promesa

Bellas flores resguarda el bulbo; la semilla, un manzanal;
el capullo nos promete mariposas a volar.
En el frío y crudo invierno, primavera oculta está.
¿Cuándo y dónde? No sabemos; sólo Dios nos lo dirá.

Hay un canto en el silencio, melodía por brotar;
nuevo día nos anuncia la más densa oscuridad.
Del ayer viene el mañana; su misterio ¿cuál será?
¿Cuándo y dónde? No sabemos; sólo Dios nos lo dirá.

Nuestro fin es el comienzo, nuestro tiempo, infinidad.
En la duda hay fe latente; en vivir, eternidad.
Al morir, resucitamos; victoriosos al final.
¿Cuándo y dónde? No sabemos; sólo Dios nos lo dirá.

LETRA: Natalie Sleeth; trad. Alberto Merubia
MÚSICA: Natalie Sleeth
© 1986; trad. © 1984 Hope Publishing Co., Carol Stream, IL 60188. Para pedir permiso de fotocopiar este himno, ponerse en contacto con Hope Publishing Co., 1-800-323-1049 o www.hopepublishing.com

Podemos esperar en las promesas de Dios.

PRIMARIOS MAYORES: LECCIÓN 2

Reproducible 2E
Permiso de fotocopiado otorgado para el uso de la iglesia local. © 2007 Abingdon Press.

3

Isaac y Rebeca

Entra a la

Versículo bíblico
La mujer que honra al Señor es digna de alabanza.

Proverbios 31:30

Historia bíblica
Génesis 24:1-67

De acuerdo con las costumbres de la época bíblica, el matrimonio de Isaac y Rebeca fue arreglado por Abraham con la ayuda de su sirviente de más confianza. Aunque desde nuestra perspectiva, los matrimonios concertados son impensables, los casamientos por elección son en realidad una invención reciente. Los matrimonios concertados permitían la consolidación del poder de la tribu y tenían la intención de mantener la pureza cultural y religiosa. Dado que Abraham vivía en una tierra extranjera, era importante que la esposa de Isaac proviniera de entre su propia gente, con el fin de asegurar que sus hijos fueran educados en la fe de Abraham.

Esta narración honra a Rebeca, la segunda matriarca de la fe judía. El sirviente de Abraham fue enviado, para que con la dirección de Dios, seleccionara a la novia. La familia de Rebeca estuvo de acuerdo con la boda, pero pidió un tiempo para estar con ella antes de que partiera. Sin embargo, como el sirviente estaba deseoso de regresar con su amo, Rebeca consintió en salir inmediatamente, una decisión que habla bien de ella. En la conversación que tuvo en casa de su madre después del encuentro con el sirviente, vemos su emoción por haber sido elegida por Dios. El hecho de haber aceptado la elección indica una fuerte creencia en el Dios de Abraham y, por lo tanto, una buena elección para el matrimonio. Después de casarse, Isaac aprendió a amar a Rebeca. Las bodas concertadas solían ser bien aceptadas, y muy a menudo el amor entre marido y mujer crecía a medida que su matrimonio maduraba.

¿Qué decisiones tiene que tomar usted, que requieren la dirección de Dios? El sirviente detuvo su búsqueda para pedir dirección divina y cada vez que recibía esa dirección alababa a Dios. ¿Cómo podrías adoptar ésta práctica?

¿Cuáles decisiones de sus estudiantes de cuarto, quinto y sexto grado requieren que busquen la dirección de Dios? ¿Cómo podría alentarles a seguir la dirección que Dios les indique?

Debemos honrar a Dios en todo lo que hagamos.

Vistazo a la

ZONA	TIEMPO	MATERIALES	⊚ ACCESORIOS DE ZONA®
Acércate a la zona			
Entra a la zona	5 minutos	página 170	ninguno
Mesa de celebración	5 minutos	mesa pequeña, mantel blanco, retazos de telas de colores, vela, Biblia, libros u otros objetos para elevar la Biblia	ninguno
Falso o verdadero	5 minutos	cinta adhesiva [masking tape]	ninguno
Zona Bíblica®			
Marca el versículo	10 minutos	Biblias, Reproducible 3C, lápices	ninguno
Disfruta la historia	10 minutos	Reproducibles 3A-B	ninguno
Traza la ruta	10 minutos	transparencia 1, proyector de transparencias	banderita plástica de carreras
Haz una perinola (dreidel)	10 minutos	Reproducible 3D, tijeras, pegamento blanco, lápices o palitos de madera afilados, cinta adhesiva para paquetes, cuentas (botones, frijoles, canicas, etc.)	ninguno
Competencia andando como camellos	10 minutos	de 2 a 4 cestas de lavandería	globos, banderita plástica de carreras
Zona de Vida			
Alabanza y oración	15 minutos	tocadiscos de discos compactos, Reproducible 1E, mesa de celebración	rana afelpada de plástico, disco compacto
Canta "Cuán poderoso es Dios"	10 minutos	Reproducibles 1E y 3E, tocadiscos de discos compactos	disco compacto

⊚ Los Accesorios de Zona® se encuentran en el Paquete de **DIVERinspiración®**.

Acércate a la Zona

Escoja una o más actividades para capturar el interés de sus estudiantes.

Materiales:
etiquetas para nombres (página 170)

Accesorios de Zona®:
ninguno

Entra a la Zona

Reciba a cada estudiante con una alegre sonrisa.

Diga: ¡Bienvenidos a la Zona Bíblica! Estoy feliz de que estén aquí. Éste es un lugar divertido donde llegaremos a conocer la Biblia.

Si sus estudiantes no se conocen entre sí, déles las etiquetas con su nombre, página 170.

Materiales:
mesa pequeña
mantel blanco
retazos de telas de colores
vela
Biblia
libros u otros objetos para elevar la Biblia

Accesorios de Zona®:
ninguno

Mesa de celebración

Pídale a un niño o a una niña que haya llegado temprano que le ayude a preparar la mesa de celebración con el color apropiado, la vela y la Biblia, de acuerdo con las instrucciones de la página 12.

Para esta sesión ponga la Biblia en un lugar elevado al lado de la vela. Para esto ponga varios libros debajo del mantel de la mesa.

Materiales:
cinta adhesiva para paquetes

Accesorios de Zona®:
ninguno

Falso o verdadero

Delimite dos secciones del salón con cinta adhesiva en el piso. Una sección representará un manantial y la otra, el desierto.

Diga: En la historia de hoy hay un camello. Voy a leer algunas declaraciones acerca de los camellos; si piensan que la declaración es verdadera, párense en la sección del manantial; si creen que la declaración es falsa, párense en la sección del desierto.

Los camellos deben tener agua para beber cada día. (*Falso; ellos almacenan el agua en sus estómagos y pueden andar sin beber agua de 5 a 25 días, dependiendo del calor.*)
Los camellos pueden percibir el agua en el desierto antes de que sea divisada. (*Verdadero.*)
Un camello puede rebasar a un caballo. (*Verdadero.*)
La leche de camello no sirve para los humanos. (*Falso; los hebreos usaban leche, mantequilla y crema de camello.*)
Los camellos no pueden caminar bien en el lodo resbaloso. (*Verdadero. Pero son muy buenos en los terrenos ásperos.*)
Todos los camellos tienen dos jorobas. (*Falso; la mayoría de los camellos en las áreas bíblicas, llamados bactrianos, tienen dos; los dromedarios son más grandes y tienen sólo una joroba.*)
La piel del camello se puede usar como cuero. (*Verdadero.*)
El pelo del camello es demasiado burdo para la ropa. (*Falso; cuando el tejido es apretado, puede durar toda la vida y proveer protección del calor, del frío y la de lluvia.*)
El estiércol seco de camello solía usarse como combustible. (*Verdadero.*)

Escoja una o más actividades para sumergir a sus estudiantes en la historia bíblica.

Marca el versículo

Reparta las Biblias, el **Reproducible 3C** y lápices. Asegúrese de que las instrucciones queden claras.

Materiales:
Biblias
Reproducible 3C
lápices

Accesorios de Zona®:
ninguno

Disfruta la historia

Diga: Nuestra historia de hoy será narrada por un camello. En ella encontramos a una mujer que honró a Dios al aceptar el acuerdo de matrimonio con Isaac, y que se convirtió en la segunda matriarca de la familia hebrea. ¿Recuerdan ustedes cómo Dios prometió a Abraham que sería un patriarca, o padre, de una nación, y que Sara sería la matriarca, o madre? Ahora Isaac está a punto de convertirse en el segundo patriarca, y veremos a quién Dios elige para ser la segunda matriarca.

Reparta los **Reproducibles 3A-B** y pídales a sus estudiantes que se turnen para leer la historia en voz alta.

Materiales:
Reproducibles 3A-B

Accesorios de Zona®:
ninguno

Traza la ruta

Proyecte la Transparencia **1** en la pared y localice la ciudad de Hebrón en el mapa. Recuérdeles a sus estudiantes que allí es donde se encontraba Abraham cuando sucedió esta historia.

Pídale a un o a una estudiante que use una **banderita de carreras** para trazar la ruta que tomó el sirviente en su viaje por Siria, probablemente cerca de la ciudad de Harán. Después indíquele que trace la ruta de regreso al sur de Canaán.

Materiales:
Transparencia 1
proyector de transparencias

Accesorios de Zona®:
bandera de carreras

PRIMARIOS MAYORES: LECCIÓN 3

Historia de la Zona Bíblica

Isaac y Rebeca

Soy un camello de la manada de Abraham, y estuve en un viaje donde se cumplió una parte de la promesa de Dios. Mi historia cuenta cómo una mujer honró a Dios al acceder a viajar a través del desierto, lejos de su familia, para casarse con alguien que no conocía.

Abraham ya era anciano. Él se había establecido en una tierra extranjera, una tierra donde la gente rendía culto a un dios diferente del suyo. Dios era muy importante para Abraham. Dios le había prometido que de su descendencia surgiría una gran nación. Para que su hijo Isaac preservara la fe de su padre en su futura familia, debía hallarse para él una esposa que adorara al mismo Dios de Abraham.

Un día escuché a Abraham decirle a su sirviente, "Prométeme solemnemente en el nombre del Señor, quien gobierna el cielo y la Tierra, que no escogerás una esposa para mi hijo Isaac de entre la gente de la tierra de Canaán. En lugar de eso, regresa a la tierra donde nací y encuentra una mujer para él de entre mis parientes".

Supe que emprenderíamos un largo viaje. Efectivamente, el sirviente me ensilló, junto con otros nueve camellos, y nos pusimos en camino a través del desierto para cumplir la promesa que él había hecho. Fue un largo y caluroso viaje de muchos días.

Ahora bien, los camellos podemos viajar grandes distancias sin tomar agua porque cargamos una provisión en la joroba. Sin embargo, aunque encontramos lugares donde beber agua, cuando llegamos a la ciudad donde vivía el hermano de Abraham, estábamos muy sedientos.

Recuerdo haber percibido el olor del agua fresca cuando íbamos acercándonos al oasis. Yo esperaba que el sirviente sacara agua del manantial para nosotros, pero más bien se puso a orar a Dios para que lo ayudara a encontrar a la mujer que sería una buena esposa para Isaac. Entonces él vio a un grupo de muchachas con cántaros acercarse al manantial, porque era la hora de la tarde en que solían abastecerse de agua.

Una bella joven se acercó.

"Te ruego que me des a beber un poco de agua de tu cántaro", dijo el sirviente. Y ella bajó el cántaro de su hombro y lo sostuvo entre las manos, con gracia, para que él bebiera. Cuando él terminó, ella dijo: "Ahora les daré también a tus camellos toda el agua que necesiten".

Cuando ella dijo esas palabras, me di cuenta que era una joven muy atenta, y seguramente el sirviente pensó lo mismo. Ella sacó agua del manantial y llenó la cubeta muchas veces, así que yo pude disfrutar de la refrescante agua fría.

Recuerden: cuando los camellos reponemos nuestras reservas de agua en nuestros suministros de la joroba, requerimos muchísimas muchos galones de agua. Así que toma mucho tiempo hacer esto para diez camellos.

Cuando la joven acabó por fin, el sirviente le obsequió un anillo y brazaletes de oro, y le preguntó quién era ella y si su padre consentiría en hospedarlo esa noche. Yo vi la cara del sirviente iluminarse con deleite cuando ella dijo que era Rebeca, de la familia del hermano de Abraham. Él inclinó la

Reproducible 3A
Permiso de fotocopiado otorgado para uso de la iglesia local. © 2007 Abingdon Press.

Zona Bíblica®

cabeza con reverencia y dio gracias a Dios por ayudarlo a encontrar a los parientes de Abraham.

Rebeca corrió a su casa para contarle a su familia lo sucedido. Su hermano Labán vino y nos invitó a quedarnos con ellos. Tuvimos un agradable lugar para descansar esa noche, con heno y paja para comer. Yo estaba contento por tener un buen descanso en la noche, porque a la mañana siguiente, muy temprano, fuimos ensillados para nuestro viaje de regreso.

Rebeca y una mujer mayor que servía a su familia se habían preparado para hacer el viaje con nosotros. Yo me alegré de que Rebeca montara en mi.

No pude presenciar lo que pasó esa noche en la casa, pero según lo que Rebeca y su ayudanta iban platicando, pude reconstruir la historia. El sirviente de Abraham no perdió para nada el tiempo contándoles al padre de Rebeca y a Labán cómo Dios lo había ayudado a encontrarla. Él sólo les pidió que hicieran lo bueno para su amo y que dejaran a Rebeca partir con él para convertirse en la esposa de Isaac.

Labán y su padre dijeron, "El Señor ha hecho esto. No tenemos alternativa al respecto. Toma a Rebeca contigo. Ella puede casarse con el hijo de tu amo, justo como el Señor ha dicho".

Entonces el sirviente se postró en reverencia y otra vez alabó al Señor. Aunque usualmente las jóvenes no pueden elegir con quién han de casarse, la familia de Rebeca le permitió decidir si se iría con nosotros inmediatamente o más tarde.

Rebeca sabía que Dios la había escogido para ser la esposa de Isaac, aún sin conocerlo.

El viaje de regreso fue igual de largo, pero no me lo pareció con una hermosa y joven doncella en mis espaldas. Cuando llegamos a Canaán, Isaac estaba en el campo y nos vio venir. Rebeca se bajó de mis espaldas y preguntó quién era el que venía hacia nosotros. El sirviente le dijo que se trataba de Isaac, y Rebeca se cubrió el rostro con su velo.

Ellos se casaron enseguida, y pronto Isaac amó mucho a Rebeca. Yo puedo entender por qué; y estaba contento de que ella fuera parte de nuestra familia también.

Marca el versículo

El libro de la Biblia llamado Proverbios tiene muchas frases y dichos útiles; son sabios y nos dan buenos consejos. Encuentra el libro de los Proverbios en tu Biblia, está justo después de la mitad. Si tienes dificultades para encontrarlo, usa la tabla de contenidos. Ahora encuentra Proverbios 31:30.

Utiliza el código del teléfono celular de abajo para leer este versículo especial del libro de los Proverbios. La versión de tu Biblia tal vez sea un poco distinta de la que se usa en el código. Observa los pares de números de abajo; el primer número de cada par te dirá qué botón del teléfono celular debes encontrar, el segundo número te dirá qué letra en ese botón debes elegir. Escribe la letra en la línea que está arriba de cada par de números; por ejemplo, 4-2 significa que debes dirigirte al botón "4" y de ahí escoger la segunda letra, es decir, escribir la "h".

__ __   __ __ __ __ __
5-3 2-1   6-1 8-2 5-1 3-2 7-3

__ __ __   __ __ __ __ __
7-2 8-2 3-2   4-2 6-3 6-2 7-3 2-1

__ __   __ "Ñ"   __ __
2-1 5-3   7-4 3-2   6-3 7-3

__ __   __ __ __ __ __
3-2 7-4   3-1 4-3 4-1 6-2 2-1

__ __
3-1 3-2

__ __ __ __ __ __ __ __
2-1 5-3 2-1 2-2 2-1 6-2 9-4 2-1

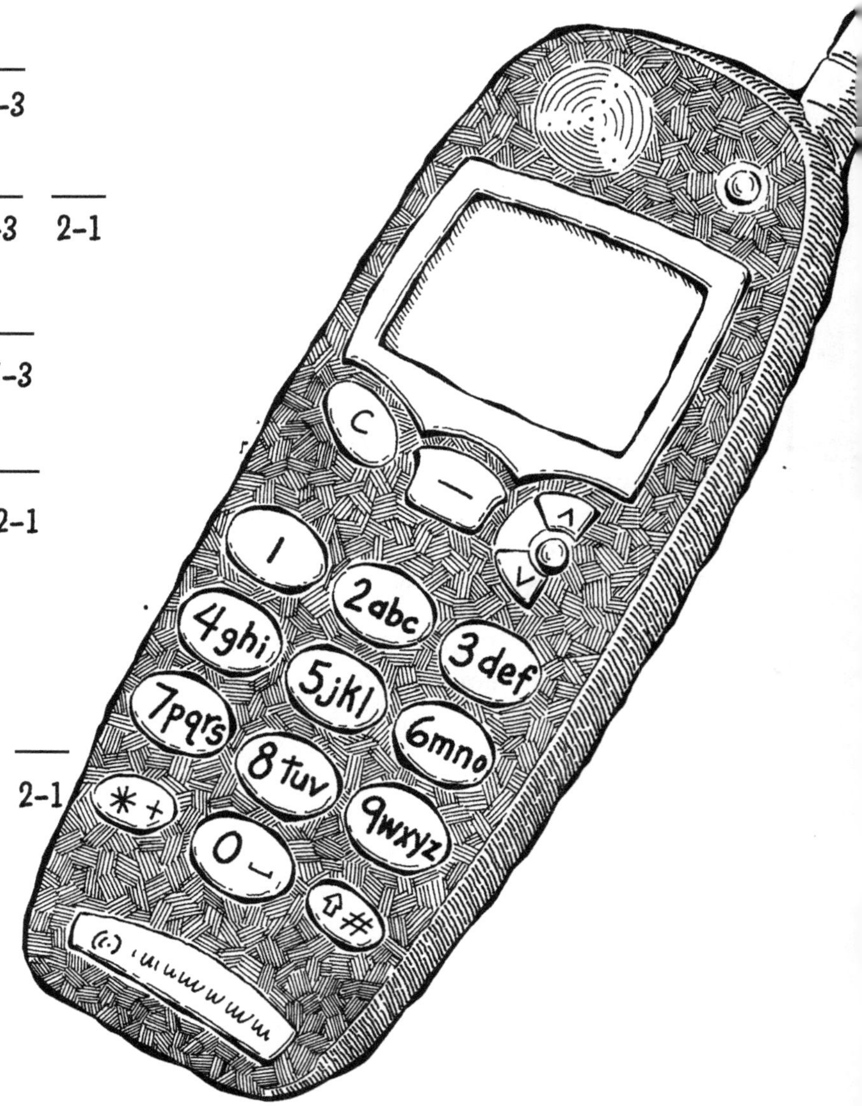

Proverbios 31:30

Reproducible 3C

Permiso de fotocopiado otorgado para uso de la iglesia local. © 2007 Abingdon Press.

Zona Bíblica

Escoja una o más actividades para sumergir a sus estudiantes en la historia bíblica.

Haz una perinola (dreidel)

Reparta los **Reproducibles 3D** y lean juntos la información acerca de las perinolas.

Provea tijeras, pegamento o cinta adhesiva y lápices para construir la perinola.

Materiales:
Reproducible 3D
tijeras
pegamento o cinta adhesiva
lápices o palitos afilados
cuentas (botones, frijoles, canicas, etc.)

Accesorios de Zona®:
ninguno

Competencia andando como camellos

Despeja el espacio al centro del salón de clase o cámbiense a un salón espacioso. Pida a sus estudiantes que inflen todos los **globos,** luego disperse los globos por todo el salón. Divida al grupo en dos o hasta cuatro equipos (dependiendo del número de estudiantes) y ponga cestas de ropa en las esquinas del salón, asigne una a cada equipo.

Diga: Cuando baje la bandera de carreras, pongan todos los globos que puedan en su cesta. Suena muy fácil, ¿no es así? Rebeca y su sirvienta montaron en camellos cuando comenzaron su viaje. Los camellos eran un modo de transporte muy común en ese entonces. **Ustedes van a caminar como camellos, en cuatro patas, y van a llevar los globos en sus espaldas, así como los camellos cargaron a Rebeca y a su criada, o pueden sujetar los globos entre sus rodillas, lo cual hará que realmente caminen como camellos. No se vale si agarran los globos con las manos o la boca.**

Materiales:
de 2 a 4 cestas de ropa

Accesorios de Zona®:
globos
banderitas de carreras

PRIMARIOS MAYORES: LECCIÓN 3

 de Vida

Escoja una o más actividades para que la Biblia cobre significado en la vida diaria.

Materiales:
mesa de celebración
tocadiscos de discos compactos
Reproducible 1E

Accesorios de Zona®:
Rana afelpada
disco compacto

Alabanza y oración

Usando el cántico "Yo estoy contigo" **(Reproducible 1E; disco compacto, pista 4)**, llame al grupo hacia la mesa de celebración para el momento de alabanza y oración. Encienda la vela y comente sobre el color apropiado de la temporada y sobre la Biblia que se encuentra en la mesa.

Use a Faraona la rana para dirigir la discusión. Sostenga a Faraona la rana, la **rana afelpada**, mientras hace las preguntas, y pase el muñeco a todo niño o niña que quiera responder.

Pregunte: ¿Cómo la vela y la Biblia nos ayuda a recordar nuestro tema de hoy, "Debemos honrar a Dios en todo lo que hagamos"? ¿Por qué supones que hemos elevado la Biblia el día de hoy? *(La vela nos recuerda que Dios está aquí con nosotros. La Biblia nos habla acerca de diferentes maneras de honrar a Dios.)*

Materiales:
Reproducible 3E
tocadiscos de discos compactos

Accesorios de Zona®:
disco compacto

Canta "Cuán poderoso es Dios"

Reparta las copias de "Cuán poderoso es Dios" **(Reproducible 3E, disco compacto, pista 9)** y toque la canción. Cante la canción tres veces.

Lea la oración que está al calce del Reproducible 3E.

Dé a cada estudiante una copia de Zona Casera® para que se la lleve.

Casera para estudiantes

HAZ UN COLLAGE

Haz un collage de días diferentes para honrar a Dios. En la parte de arriba de una hoja grande de papel escribe "Debemos honrar a Dios en todo lo que hagamos". De revistas recorta muchas fotografías o dibujos que muestren las maneras en que podemos honrar a Dios y pégalas en el papel, poniendo un borde sobre otro de manera que toda la página quede cubierta de imágenes. Pon el collage en un lugar de tu casa que todo el mundo pueda ver.

Zona para pensar

¿De qué maneras puedo honrar a Dios? ¿Es importante que otras personas sepan que yo honro a Dios?

Versículo para memorizar

La mujer que honra al Señor es digna de alabanza.
Proverbios 31:30

Bolitas de cereal con dátiles y arroz

Los dátiles y el arroz eran una comida común en los tiempos bíblicos. Honra a Dios compartiendo esta delicia a otra persona.

2 huevos batidos
1 taza de azúcar
1 ½ taza de dátiles picados

Combina los ingredientes de arriba en una cacerola. Pon la cacerola a fuego medio hasta que hierva.

Retira del fuego, añade 1 cucharadita de vainilla y 2 ½ tazas de cereal de arroz (crispy rice), y revuelve. Vuelve a poner la cacerola en el fuego y cocina hasta que espese.

Deja reposar. Cubre tus manos con mantequilla y forma bolitas con la mezcla. Rueda las bolitas sobre nuez molida hasta que queden cubiertas y déjalas en papel encerado para que se enfríen.

Te saldrán cerca de 6 docenas de bolitas.

Debemos honrar a Dios en todo lo que hagamos.

Permiso de fotocopiado otorgado para uso de la iglesia local. © 2007 Abingdon Press.

PRIMARIOS MAYORES: LECCIÓN 3

Haz una perinola (dreidel)

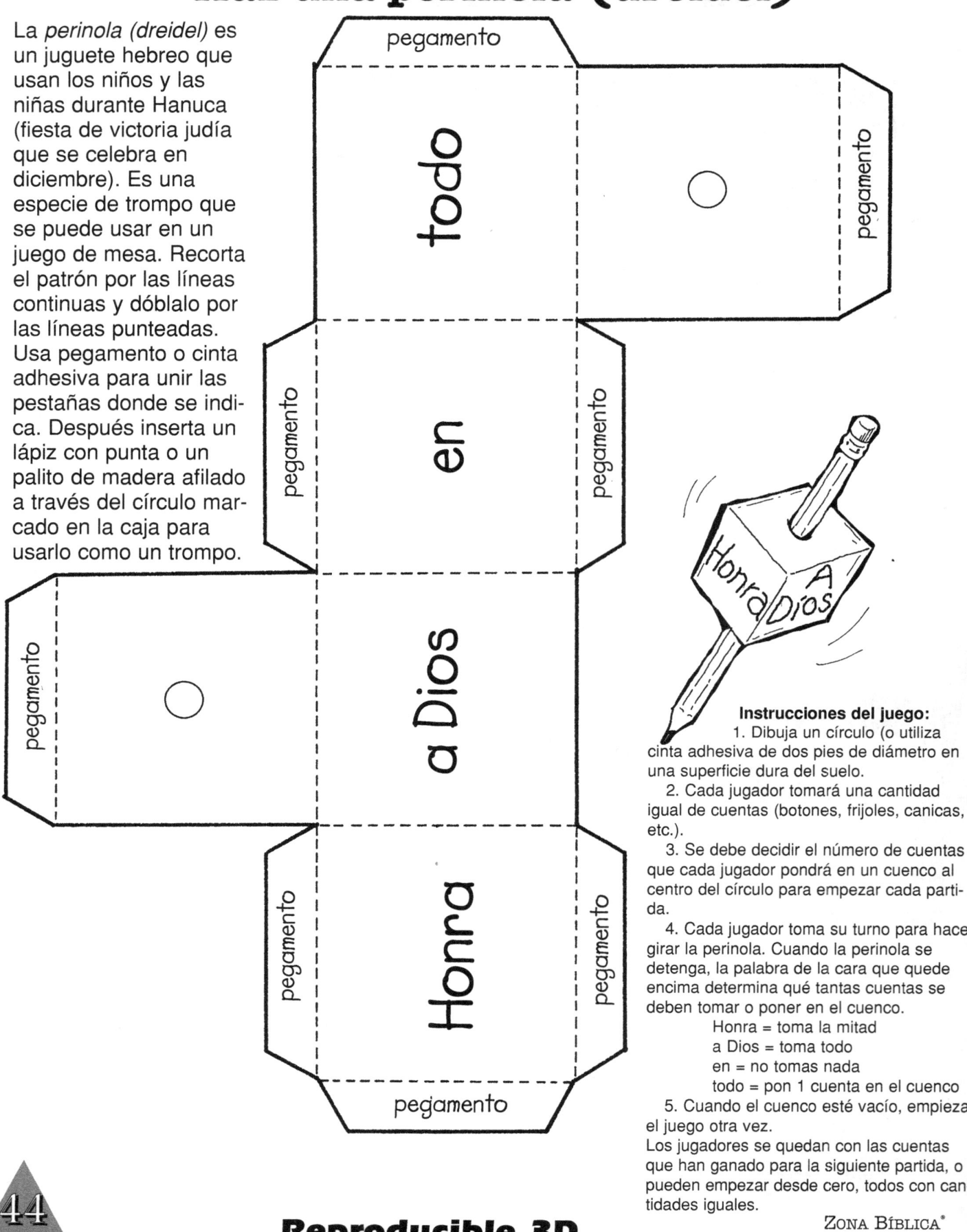

La *perinola (dreidel)* es un juguete hebreo que usan los niños y las niñas durante Hanuca (fiesta de victoria judía que se celebra en diciembre). Es una especie de trompo que se puede usar en un juego de mesa. Recorta el patrón por las líneas continuas y dóblalo por las líneas punteadas. Usa pegamento o cinta adhesiva para unir las pestañas donde se indica. Después inserta un lápiz con punta o un palito de madera afilado a través del círculo marcado en la caja para usarlo como un trompo.

Instrucciones del juego:
1. Dibuja un círculo (o utiliza cinta adhesiva de dos pies de diámetro en una superficie dura del suelo.
2. Cada jugador tomará una cantidad igual de cuentas (botones, frijoles, canicas, etc.).
3. Se debe decidir el número de cuentas que cada jugador pondrá en un cuenco al centro del círculo para empezar cada partida.
4. Cada jugador toma su turno para hacer girar la perinola. Cuando la perinola se detenga, la palabra de la cara que quede encima determina qué tantas cuentas se deben tomar o poner en el cuenco.
   - Honra = toma la mitad
   - a Dios = toma todo
   - en = no tomas nada
   - todo = pon 1 cuenta en el cuenco
5. Cuando el cuenco esté vacío, empieza el juego otra vez.

Los jugadores se quedan con las cuentas que han ganado para la siguiente partida, o pueden empezar desde cero, todos con cantidades iguales.

Reproducible 3D

Permiso de fotocopiado otorgado para uso de la iglesia local. © 2007 Abingdon Press.

ZONA BÍBLICA

Cántico de

Cuán poderoso es Dios

Cuán poderoso es Dios.
Cuán poderoso es Dios.
Ángeles postrados,
cielo y tierra, adórenlo.
Cuán poderoso es Dios.

Cuán poderoso es Dios.
Cuán poderoso es Dios.
Ángeles postrados,
cielo y tierra, adórenlo.
Cuán poderoso es Dios.

LETRA: Anónimo; trad. por Diana Beach
MÚSICA: Anónimo
"Cuán poderoso es Dios" arreglo © 1996 Group Publishing, Inc. Todos los derechos reservados. No se permite la duplicación sin autorización. Usada con premiso

Oración:
Señor nuestro, sabemos que siempre estás con nosotros. Ayúdanos a buscarte para pedir tu dirección en todo lo que hagamos. Sabemos que eres todo poderoso y te damos hoy toda honra y gloria. Amén.

Jacob y Esaú

Entra a la

Versículo bíblico

¡Mirad cuán bueno y cuán delicioso es que habiten los hermanos juntos en armonía!
Salmo 133:1 RV 1995

Historia bíblica
Génesis 25:19-34; 27:1-33

Rebeca, al igual que Sara, tenía dificultad para procrear, una vez más Dios interviene. Rebeca concibe gemelos. Durante su embarazo ella siente en sus entrañas el conflicto entre ellos. Ante esta situación Rebeca va a consultar con el Señor (Génesis 25:23). La contestación del Señor habrá de determinar el cariz que tendrá el resto de esta historia.

En las familias antiguas, el hijo mayor era el líder y el menor se sujetaba al mayor, pero el Señor le advierte a Rebeca que en este caso sería al revés. Con frecuencia la Biblia invierte la tradición hebrea de dar la posición privilegiada al hijo mayor elevando a un hijo menor (José, David y el hijo pródigo) al lugar de honor. Aunque Dios se revela en todas las situaciones, esta ruptura de la tradición tiende a augurar problemas.

Esaú, el nombre del primogénito hijo pelirrojo de Isaac y Rebeca, es un juego de palabras que significa "rojizo". Sus descendientes (los edomitas) se convertirían en la nación de la región llamada Seír, que suena muy parecido a la palabra hebrea que significa "velludo". El nombre Jacob es también un juego de palabras que en hebreo quiere decir "el que toma el calcañal o talón" o "el que suplanta". Es una descripción de cómo Jacob vino al mundo; apoderándose del primer lugar, pues nació agarrado del talón de Esaú. Más tarde el nombre de Esaú se cambió por Edom ("la región roja"), y tanto Jacob como la nación que fundó se llamaron Israel ("el que lucha con Dios" o "Dios lucha").

La rivalidad entre hermanos era lo suficientemente severa como para provocar amenazas de muerte, favoritismo de los padres, envidia, la trivialización de la primogenitura (cambiándola por un plato de lentejas), manipulación y engaño: en el mundo de hoy llamaríamos a esto una familia disfuncional.

Esta historia es una oportunidad para que los niños y niñas se den cuenta de que todos tenemos problemas de relación en nuestras familias, y aunque esto no es lo que Dios quiere, Dios ha usado a todo tipo de personas, familias y situaciones para llevar a cabo sus propósitos. Aunque la eventual reconciliación entre Jacob y Esaú como adultos no es parte de la porción de la Escritura asignada aquí, es una información muy importante para sus estudiantes, que les dará esperanza de que ellos y sus hermanos encuentren también la reconciliación.

Dios nos llama a llevarnos bien con nuestros hermanos y hermanas, aún cuando parezca difícil.

Vistazo a la

ZONA	TIEMPO	MATERIALES	ACCESORIOS DE ZONA®
Acércate a la zona			
Entra a la Zona	5 minutos	página 170	ninguno
Mesa de celebración	5 minutos	mesa pequeña, mantel blanco, retazos de telas de colores, vela, Biblia, olla y cuchara de cocina	ninguno
Cualidades de la amistad	5 minutos	Reproducibles 4B-C, crayones o marcadores	ninguno
Zona Bíblica®			
El versículo en tus propias palabras	5 minutos	Biblias, papel y lápices	rana afelpada
Disfruta la historia	5 minutos	Reproducibles 4A–B	ninguno
Luminarias de paz	10 minutos	bolsas blancas de papel tamaño emparedado, arena, frascos vacíos de alimento para bebés, velas pequeñas, marcadores o crayones	ninguno
Galletas irritantes	5 minutos	ver página 53	ninguno
Ponerse a raya	5 minutos	cinta adhesiva	rana afelpada
Zona de Vida			
Tarjetas de valores	5 minutos	Reproducible 4D, canasta o bolsa de papel, tijeras	rana afelpada
Alabanza y oración	5 minutos	Reproducibles 1E y 4E, tocadiscos de discos compactos, Mesa de celebración, olla y cuchara de cocina	rana afelpada, disco compacto

Los Accesorios de Zona® se encuentran en el Paquete de **DIVERinspiración®**.

PRIMARIOS MAYORES: LECCIÓN 4

Acércate a la

Escoja una o más actividades para capturar el interés de sus estudiantes.

Materiales:
página 170

Accesorios de Zona®:
ninguno

Entra a la Zona

Salude a cada estudiante con una alegre sonrisa.

Diga: ¡Bienvenidos a la Zona Bíblica! Estoy feliz de que estén aquí. Éste es un lugar divertido donde llegaremos a conocer la Biblia.

Si sus estudiantes no se conocen entre sí, entrégueles las etiquetas con su nombre (página 170).

Materiales:
mesa pequeña
mantel blanco
retazos de telas de colores
vela
Biblia
olla y cuchara de cocina

Accesorios de Zona®:
ninguno

Mesa de celebración

Pídale a un niño a una niña que hayan llegado temprano que le ayude a preparar la mesa de celebración. Acomode la mesa con el color apropiado, la vela y la Biblia, de acuerdo con las instrucciones de la página 12.

Para esta sesión ponga una olla y una cuchara de cocina junto a la vela.

Materiales:
Reproducibles 4B (parte de abajo) y 4C
crayones o marcadores

Accesorios de Zona®:
ninguno

Cualidades de la amistad

Entregue a sus estudiantes copias de los **Reproducibles 4B y 4C,** así como crayones o marcadores. Los niños y las niñas leerán cada oración y decidirán si se trata de una cualidad de la amistad que valoren. Use los números siguiendo las oraciones y la guía de color. Anímeles a completar la actividad.

Escoja una o más actividades para sumergir a sus estudiantes en la historia bíblica.

El versículo en tus propias palabras

Reparta las Biblias, papel y lápices. Asigne los versículos siguientes a sus estudiantes, por parejas (asigne varios versículos a una sola pareja o el mismo versículo a varias parejas, dependiendo del número de parejas que tengas). Pídales que lean con cuidado el versículo y pongan por escrito, en sus propias palabras, lo que significa: Proverbios 10:12; 11:13; 15:13a; 15:30; 17:17a; 19:20; 21:23; 24:26, y 25:11.

Después de que hayan terminado, pídales que compartan sus textos con la clase. Luego indíqueles que busquen el versículo bíblico de esta sesión, Salmo 133:1, y léanlo juntos. Pida que le den ideas de cómo se pueden aplicar los versículos de Proverbios a vivir juntos en familia. Use a Faraona la rana, la **rana afelpada,** para dirigir la conversación.

Materiales:
Biblias
papel
lápices

Accesorios de Zona®:
rana afelpada

Disfruta la historia

Diga: Hemos visto las cualidades que forjan una buena amistad y cómo esas cualidades también nos pueden ayudar a vivir mejor juntos en la familia. Nuestra historia de hoy es acerca de dos hermanos que no aprendieron esta lección cuando eran jóvenes.

Escoja a tres estudiantes para que lean la entrevista a Jacob y Esaú. Reparta los Reproducibles 4A-B para que sus estudiantes puedan seguir la lectura en voz baja.

Materiales:
Reproducibles 4A-B

Accesorios de Zona®:
ninguno

Luminarias de paz

Diga: La luz de la luminaria te puede recordar cómo la luz de Dios brilla en nosotros cuando vivimos en paz con los miembros de nuestra familia, así como también con las otras personas con que nos relacionamos. Las luminarias se pueden llevar a casa y ponerse afuera como símbolo de que allí se quiere vivir en paz.

Decore con símbolos o palabras de paz el exterior de una bolsa blanca de papel tamaño de emparedado; usa crayones o marcadores. Doble hacia abajo la parte superior de la bolsa, una pulgada, para que quede más firme.

Rellene el fondo del saquito con dos pulgadas de arena. Coloque la pequeña vela en un frasco vacío de alimento para bebé y ponga el frasco al centro de la arena, asegurándose que no toque la bolsa.

Materiales:
bolsas blancas de papel tamaño de emparedado
arena
frascos vacíos de alimento para bebés
velas pequeñas
marcadores o crayones

Accesorios de Zona®:
ninguno

PRIMARIOS MAYORES: LECCIÓN 4

Historia de la  Bíblica

Entrevista a dos hermanos

Entrevistador: Estamos aquí con Esaú y Jacob, dos hermanos que ahora son amigos pero que tuvieron un comienzo muy difícil. Sabemos que Jacob y Esaú se han perdonado uno al otro y que ustedes ven la vida un poco diferente hoy, pero nos gustaría escuchar más acerca de su vida de adultos.

Esaú: Bueno, yo soy el mayor, aunque somos gemelos. Nuestra madre nos dijo que desde el principio, incluso antes de que naciéramos, ella sabía que nosotros tendríamos desacuerdos. Nos contaba que parecía como si estuviéramos peleándonos dentro de su vientre. De hecho, nos dijeron que Jacob nació agarrando de mi talón, casi como si quisiera nacer primero. Por eso se llama *Jacob*, un nombre que en hebreo suena como "talón".

Jacob: El nombre de Esaú viene de un juego de palabras en dos sentidos. La palabra hebrea que significa "velludo" suena muy parecido a Seír, que es la región donde Esaú y su familia finalmente se establecieron. Su gente fue llamada edomitas, un juego con la palabra hebrea que significa "rojo". Esaú es pelirrojo y siempre ha sido muy velludo.

Entrevistador: Ustedes hablaron de cómo se establecieron en diferentes áreas. Entiendo que Dios le dijo a su madre que ustedes formarían dos naciones, ¿es cierto?

Esaú: Sí, y lo asombroso es que Dios usara nuestras diferencias, e incluso nuestros desacuerdos, para sacar adelante estas dos fuertes naciones. No creo que Dios nos quisiera para pelear y discutir. Habría sido más placentero si hubiéramos trabajado juntos para forjar ambas naciones. Pero Dios puede obrar milagros incluso con personas tan testarudas como nosotros dos.

Entrevistador: Una de las historias que he escuchado es acerca de su primogenitura. Jacob, ¿en realidad convenciste a Esaú de que te vendiera su primogenitura por un estofado de lentejas?

Jacob: No recuerdo que tomara mucho tiempo convencerlo. De hecho, di con Esaú en un momento en que él tenía mucha hambre, y yo estaba preparando un guiso muy tentador. Él me pidió un poco de guisado, y en verdad tenía tanta hambre que cuando yo le pedí que me cambiara su primogenitura por el estofado, él dijo, "Me estoy muriendo de hambre, y de qué me sirve una primogenitura ¡si he de morir!"

Esaú: Supongo que todos nuestros pleitos eran sobre la primogenitura y sobre quién era el más amado de la familia. Si tan sólo nos hubiéramos dado cuenta de que los padres aman a todos sus hijos y que cada cual es especial a los ojos de Dios, probablemente nos habríamos llevado mejor. Dios nos llama a que nos llevemos bien con nuestros hermanos y hermanas, incluso cuando sea difícil.

Entrevistador: ¿Sus padres favorecían a alguno de los dos?

Jacob: No estoy seguro, pero ciertamente nosotros pensábamos que sí. Nuestro padre parecía favorecer más a Esaú, pero eso es típico de nuestra sociedad. Sentimos que nuestra madre me favorecía a mí, de hecho, eso fue lo que realmente condujo a que se separan nuestros caminos.

Entrevistador: ¿Y cómo sucedió?

Esaú: Cuando nuestro padre ya estaba muy anciano y casi ciego, un día me llamó y me dijo que podía morir pronto, así que me pidió que fuera de cacería al campo con mis flechas y mi arco, y que le preparara un guiso con el animal. Él planeaba comer la carne y darme su bendición antes de morir. Nuestra madre escuchó lo que mi padre decía, y cuando me fui, ella fraguó un plan con Jacob.

Reproducible 4A

Permiso de fotocopiado otorgado para uso de la iglesia local. © 2007 Abingdon Press.

ZONA BÍBLICA

Jacob: Ella me contó lo que estaba a punto de pasar y me dijo que matara a dos de los mejores cabritos y que se los llevara. Ella los cocinó de la forma que más le gustaba a nuestro padre, y yo tenía que llevárselos pretendiendo ser Esaú para recibir la bendición en su lugar. Ustedes saben, una vez que se ha recibido la bendición, no te la pueden quitar.

Esaú: Jacob temía que nuestro padre notara la diferencia, pero ya nuestra madre había resuelto ese detalle. Ella le puso mis ropas a Jacob y le cubrió el cuello y la parte suave de sus manos con piel de borrego para que se sintiera velludo como yo. Entonces envió a Jacob con nuestro padre llevando el estofado de carne y algo de pan.

Jacob: Al principio temí que todo eso no funcionara, porque él reconoció mi voz, pero cuando sintió mi piel velluda, se dedicó a comer la carne y luego me dio su bendición.

Entrevistador: Me imagino que te enojaste muchísimo cuando te enteraste de esto, Esaú.

Esaú: Sí, por supuesto. Como estaba tan enojado, Jacob huyó de la casa, y pasaron muchos años antes de que volviéramos a reunirnos. Si tan sólo hubiéramos aprendido a convivir en amor dentro de la familia, esto no habría sucedido.

Entrevistador: Es difícil convivir, pero Dios quiere que vivamos en paz. Me alegra que ustedes hayan sido capaces de perdonarse uno al otro.

En la lista que sigue, si consideras que las características dadas son buenas características de un amigo, colorea las secciones indicadas con el color que elijas para "X". Si crees que no sirven para hacer buenos amigos, deja las secciones en blanco.

- Escucha lo que dices (12, 56)
- Te defiende cuando alguien habla mal de ti (30, 41)
- Se ríe cuando tú cometes un error (1, 74)
- Te ayuda con tu tarea (7, 45)
- Te llama torpe cuando te caes (33, 59)
- No llega a una cita, sin razón (4, 37, 73)
- Te espera cuando te tienes que quedar después de la escuela (10, 27)
- Sólo busca amistad con quienes son populares (13, 58)
- Juega un juego que a ti te gusta, aunque a él o a ella no le guste (9, 54)
- Te presta dinero cuando lo necesitas (28, 43)
- Intenta fomentar el enojo entre los demás (3, 32)
- Te perdona cuando haces algo incorrecto (11, 42)
- Juzga a una persona por cómo luce (6, 25, 35)
- Comparte las cosas buenas (8, 44)
- Es alguien a quien puedes confiarle tus secretos (29, 55)
- Le falta el respeto a sus papás (15, 57)

Si consideras que las características de la lista que sigue son buenas para la amistad, colorea las secciones indicadas con el color que elijas para "O". Si crees que no sirven para hacer buenos amigos o amigas, déjalas en blanco.

- Espera que otros hagan el trabajo (17, 69)
- Te anima cuando estás triste (20, 61)
- Habla por las personas que no pueden hablar por sí mismas (19, 67, 71)
- Te envidia cuando tú consigues algo que él o ella no ha logrado (5, 49)
- Desea que te pasen cosas malas (2, 75)
- Te ayuda con tus quehaceres (26, 62)
- Habla de ti y de otros (14, 48, 63)
- Nunca te presiona para que hagas algo que no deberías (34, 50, 66)
- A veces te ama y a veces te odia (23, 65)
- Siempre ve lo bueno en otros (18, 21, 51)
- Se acuerda de agradecerle a la gente su amabilidad (24, 40, 53)
- Sólo ve lo malo en otros (16, 46)
- Es paciente cuando alguien no entiende (36, 70)
- Responde con gentileza (22, 60)
- Te contesta antes de escuchar bien lo que tienes que decirle (39, 64)
- Aprovecha la oportunidad de ayudar a aquellos que tienen problemas (38, 52, 72)
- Siempre piensa en pagarle a alguien con la misma moneda (47, 68)

PRIMARIOS MAYORES: LECCIÓN 4

Cualidades de la amistad

Dios nos llama a todos a que seamos amigos y amigas. A veces, el lugar donde se hace más difícil hacer amistades es en nuestra propia familia. Elige dos colores que representen la "X" y la "O" para las listas de la página anterior. Conforme vayas escogiendo características de los buenos amigos o de las buenas amigas, colorea las secciones de los números correspondientes. No habrá color en algunas secciones.

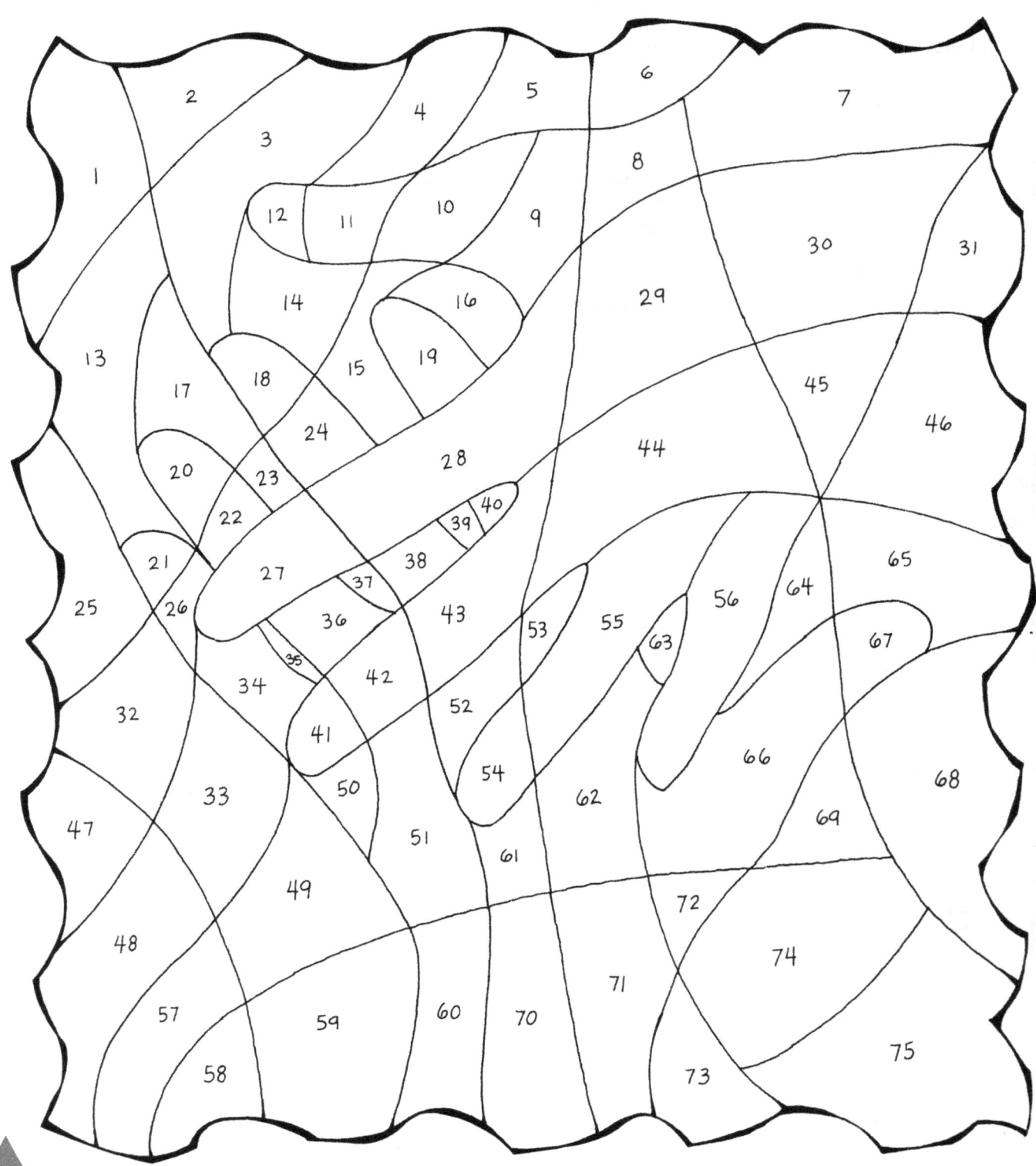

Escoja una o más actividades para sumergir a sus estudiantes en la historia bíblica.

Galletas irritantes

Limpie un espacio de trabajo donde varios estudiantes puedan trabajar juntos. Mezcle los ingredientes, luego pídales que machaquen y amasen hasta que estén bien combinados y la masa de galleta esté suave. Forme pelotas con la masa y póngalas en una bandeja para galletas ligeramente engrasada, luego aplaste fuertemente cada una con un vaso. Hornee a 350 grados durante 10 minutos.

1 taza de azúcar morena
1 taza de mantequilla o margarina
1 taza de harina de avena cruda
1 cucharadita de bicarbonato de soda
1 taza de harina de trigo

Ya que las galletas estén horneadas, disfrútenlas mientras habla acerca de cómo a veces nos enojamos o estamos algo molestos y necesitamos liberarnos de nuestro enojo. Entonces debemos encontrar algún modo de lograrlo sin agredir ni lastimar a otras personas; darle puñetazos a la masa de galletas es una forma inofensiva de liberar nuestro enojo.

Materiales:
azúcar morena
mantequilla o margarina
harina de avena
bicarbonato de sodio
harina de trigo
cuenco
cuchara
bandeja de hornear
azúcar
artículos de limpieza

Accesorios de Zona®:
ninguno

Ponerse a raya

Ponga dos tiras de cinta adhesiva para paquetes en el piso, paralelas una y otra, con una separación de 25 centímetros [10 pulgadas]. Haga las líneas lo suficientemente largas como para que todos quepan parados a lo largo. Dígales a sus estudiantes que se acomoden en la línea en fila, con ambos pies tocando la cinta, en la misma dirección.

Diga: Su cometido es "ponerse a raya" y reacomodarse sin pisar fuera de la línea. Se deben acomodar entre ustedes mismos de acuerdo con las fechas de sus cumpleaños. Quien cumpla años en la fecha más cercana al 1º de enero quedará en el extremo izquierdo de la línea (indíqueles dónde), aquel que cumpla años en la fecha más cercana al 31 de diciembre quedará en el extremo derecho (indíqueles dónde), y todos los demás van en medio y en orden. Esto requiere cooperación, así que van a tener que ayudarse unos a otros de todas las maneras que puedan.

Después de que hayan terminado de reacomodarse y si hay tiempo todavía, instrúyales que inviertan sus lugares, que quienes cumplan en enero se pasen a la derecha y los de diciembre, a la izquierda. Discutan la experiencia con Faraona la rana, la **rana afelpada**.

Pregunte: ¿Cómo tuvieron que cooperar para hacer este acomodo entre ustedes? ¿Cómo se tuvieron que comunicar para ello? ¿Hay alguna forma en que podrían haber cooperado mejor con el fin de hacer más fácil el trabajo?

Materiales:
cinta adhesiva para paquetes

Accesorios de Zona®:
rana afelpada

 de Vida

Escoja una o más actividades para que la Biblia cobre significado en la vida.

Materiales:
Reproducible 4D
canasta o bolsa de papel
tijeras

Accesorios de Zona®:
rana afelpada

Tarjetas de valores

Haga varias copias de las pequeñas tarjetas del **Reproducible 4D** para que tenga al menos cinco por cada estudiante. Fotocopie una página adicional para que su último estudiante tenga muchas de donde escoger. Recórtelas y póngalas en una canasta o en una bolsa de papel.

Diga: Algunas veces, cuando tenemos problemas para llevarnos bien en nuestras familias, es porque no nos ponemos de acuerdo en que es más valioso. Este juego nos ayudará a pensar en lo que es más importante. Cada uno de ustedes saque cinco papeletas; cada una tendrá un valor para ustedes. Ahora intercambie con sus compañeros y compañeras sus tarjetas de diferentes valores, quedándose con las más valiosas y tratando de intercambiar las de menos valor. Deben cambiar al menos una tarjeta de mucho valor. Cuando se acabe el tiempo, cada estudiante debe tener cinco tarjetas. *(Después de cinco minutos de negociaciones, use a Faraona la rana para discutir las siguientes preguntas.)* ¿Cuál tarjeta querías conservar? ¿Por qué? ¿Cuál trataste de cambiar? ¿Por qué? ¿Cuál tarjeta esperabas conseguir pero la tenía otra persona? ¿Qué razón te dio esa persona para no cambiarla? ¿Qué aprendiste acerca del valor de ciertas cosas sobre otras? ¿Cómo el estar de acuerdo en el valor de algo puede marcar una gran diferencia en las relaciones con las personas?

Materiales:
Reproducibles 1E y 4E
tocadiscos de discos compactos
mesa de celebración
olla y cuchara

Accesorios de Zona®:
disco compacto
rana afelpada

Alabanza y oración

Con la canción "He aquí, yo estoy contigo" **(Reproducible 1E; disco compacto, pista 4),** llame a la clase hacia la Mesa de celebración para el momento de Alabanza y oración. Encienda la vela y mencione el color apropiado de temporada, así como la olla y la cuchara de cocina. Use a Faraona la rana para dirigir la discusión.

Pregunte: ¿Qué objeto en la mesa les recuerda algo de nuestra historia? ¿Qué pasó entre los dos hermanos? ¿Cómo podrían haber solucionado el problema? ¿Cómo pudo Dios sacar adelante las dos naciones a pesar de las diferencias entre ellos?

Reparta copias de "Señor prepárame" **(Reproducible 4E; disco compacto, pista 10)** y canten el cántico una vez. Después canten una segunda vez. Indíqueles a sus estudiantes que formen un círculo y que crucen los brazos. Dígales que hará una breve oración y que luego cantarán una vez más, con los ojos cerrados, como si el canto fuera una oración.

Ore así: Señor, las relaciones personales a veces son difíciles. Se nos olvida considerar las situaciones desde el punto de vista de la otra persona. Ayúdanos a mejorar en este aspecto de nuestra vida. Ayúdanos a ser agentes de paz, al menos en nuestro propio rincón del mundo. Amén.

Haga una copia de la Zona Casera® para cada estudiante.

ZONA BÍBLICA®

 # Casera para estudiantes

JOYERIA DE OBSEQUIAR

Algunas veces podemos usar un obsequio como manera de disculparnos con alguien, o podemos simplemente hacer sentir bien a otra persona si nosotros mismos hacemos el obsequio. Utiliza láminas de revistas viejas o de papel de regalo para crear un collar o una pulsera de cuentas.

Necesitarás: revistas viejas o papel de regalo, regla, lápiz, tijeras, palillo mondadientes, pegamento, hilo de tejer o hilo dental (elástico delgado para los brazaletes), y una aguja de ojo amplio.

Recorta triángulos de 8 pulgadas por 1 pulgada de láminas de revistas. Para hacer esto, en un pedazo de papel de 8 pulgadas de largo divide la parte de arriba en segmentos de 1 pulgada, marcándolos con una regla. En la base, los segmentos también deben medir 1 pulgada, pero comienza a marcarlos a una distancia de media pulgada de la orilla, para que cuando unas las marcas, formes las líneas inclinadas del triángulo.

Para hacer las cuentas de papel, enrolla los triángulos alrededor de un palillo mondadientes, empezando por el lado ancho. Pega el otro extremo del triángulo, sosteniéndolo hasta que se fije el pegamento. Desliza hacia afuera el palillo. Enhebra la aguja con el hilo de tejer o el hilo dental y ensarta las cuentas de papel de colores. Cuando alcances el largo que desees, anuda los cabos sueltos. Para hacer una pulsera, utiliza hilo de liguilla delgadito.

Zona para pensar

¿Con cuál miembro de la familia he tenido dificultad para llevarme bien últimamente? ¿Qué puedo hacer para entablar una conversación acerca de nuestros conflictos?

Salchichas familiares

Prepara una salchicha para cada miembro de tu familia. Córtalas a lo largo. Inserta pequeñas tiras de queso dentro de cada corte y pon los perros calientes en una parrilla o en una bandeja de hornear. Ajusta los anaqueles del horno para que la bandeja quede en medio del calor. Prende el horno a temperatura baja y hornea las salchichas hasta que el queso se derrita y los perros calientes estén brillantes y ligeramente dorados.

Versículo para memorizar

¡Mirad cuán bueno y cuán delicioso es que habiten los hermanos juntos en armonía!

Salmo 133:1 RV 1995

Dios nos llama a llevarnos bien con nuestros hermanos y hermanas, aun cuando parezca difícil.

Tiempo de oración	Oportunidad de practicar un deporte	Diferentes tipos de materiales para leer
Vivir con la familia	Tener que trabajar en vez de ir a la escuela	Tradiciones familiares
Libertad para viajar de ciudad en ciudad	Cosas especiales que has guardado	Poder elegir el lugar donde vivimos
Posesión de una Biblia	Una casa bonita	Gobierno democrático
Un día para descansar y alabar a Dios	Tiempo de vacaciones	Poder elegir si vamos o no a la guerra
Poder elegir a los amigos	Saber leer y escribir	Una licencia para conducir
Dinero para vivir cómodamente	Tu vista	Ser afirmado por otra persona
Libertad para ir a la iglesia	Tu audición	Ir a la escuela siete días a la semana
Un cuerpo saludable	Tus piernas	Libertad para adorar a Dios en público
Tiempo para estar con los amigos	Tus brazos	Una habilidad especial

Reproducible 4D

Permiso de fotocopiado otorgado para uso de la iglesia local. © 2007 Abingdon Press.

ZONA BÍBLICA

Cántico de

Señor, prepárame

Señor prepárame
Señor, prepárame
para ser santuario
puro y santo,
probado y fiel.
Dando gracias
seré santuario,
un santuario para ti.

LETRA: John Thompson y Randy L. Scruggs; trad. por Diana Beach
MÚSICA: John Thompson y Randy L. Scruggs
© 1983; trad. © 2007 Full Armor / Whole Armor Music, admin. por The Kruger Corporation

El viaje de Jacob

Entra a la

Versículo bíblico

Yo estoy contigo, voy a cuidarte por dondequiera que vayas.

Génesis 28:15

Historia bíblica
Génesis 27:41-45; 28:10-22

Jacob comienza a darse cuenta de que debe confiar en y depender de la dirección de Dios, también comienza a alimentar la esperanza de reconciliarse con su familia y encontrar perdón.

El sueño de Jacob, una historia que resulta familiar en nuestra herencia judeo-cristiana gracias al himno espiritual "Estamos subiendo la escalera de Jacob", trata de los ángeles ascendiendo y descendiendo por una escalera o rampa situada entre el cielo y la tierra. Enfrascados en estos elementos, podemos pasar por alto lo que realmente pasaba entre Dios y Jacob, y cómo encaja dentro del esquema completo de las cosas.

El encuentro con Dios durante su viaje de regreso (su lucha, registrada en Génesis 32:22-32) establece el marco de referencia para el viaje de Jacob a Harán. A pesar de las artimañas y engaños de Jacob, Dios lo protegió en su viaje, y usó esta oportunidad para empezar a trabajar con él. Dios busca a Jacob, así que él comienza a abrirse al amor del Señor. A pesar de la carga de acciones pecaminosa que llevaba en su corazón, él reconoció que Dios podía usar su vida para extender el reino. Dios confirmó las promesas hechas a Abraham; diciéndole que la promesa de una gran nación continuaría a través de él.

El nombre Betel significa "casa (bet) de Dios (el)". Muchas estructuras judeo-cristianas han sido llamadas Betel a lo largo de los años. Ésta es la primera mención de un lugar dedicado o dispuesto especialmente como morada de Dios. El sueño debe haber trascendido a épocas posteriores; lo vemos en la edificación de los templos, que incorporaban escaleras como medios para ganar acceso a la morada divina.

La referencia a Dios que viaja con Jacob se remonta a un tiempo anterior a la época en que los hebreos relacionaban a Dios estrechamente con la tierra. En años posteriores, los hebreos no creían que Dios pudiera acompañarles fuera de lo demarcado como su tierra prometida. Así pues, Jacob deja su país con la seguridad de que Dios iría con él y una positiva esperanza de regresar en paz.

Dios cuida de nosotros.

Vistazo a la

ZONA	TIEMPO	MATERIALES	ACCESORIOS DE ZONAS
Acércate a la zona			
Entra a la Zona	5 minutos	página 170	ninguno
Mesa de celebración	5 minutos	mesa pequeña, mantel blanco, retazos de telas de colores, vela, Biblia, escalera pequeña	ninguno
Escape de la casa	5 minutos	ninguno	rana afelpada
Zona Bíblica®			
El viaje de Jacob	5 minutos	Biblias, Reproducible 5D, lápices	ninguno
Disfruta la historia	10 minutos	Reproducibles 5A-B, tocadiscos de discos compactos	disco compacto
El fugitivo	5 minutos	Transparencia 1, proyector de transparencias	bandera plástica de carreras
Recrea el sueño	5 minutos	Reproducible 5C, crayones o marcadores, tijeras, pegamento, cartón, perforadora, liguillas	ninguno
Escribe un rap	10 minutos	Versículo bíblico escrito en el pizarrón blanco o negro, marcadores o tiza	ninguno
Jerigonza de viaje	5 minutos	ninguno	pelota(s) de colores
Zona de Vida			
Carrera de caras y gestos	10 minutos	ninguno	ninguno
Alabanza y oración	5 minutos	Reproducibles 1E y 5E, tocadiscos de discos compactos, mesa de celebración, escalera pequeña	disco compacto, rana afelpada

Los Accesorios de Zona® se encuentra en el Paquete de **DIVERinspiración®**.

PRIMARIOS MAYORES: LECCIÓN 5

Acércate a la

Escoja una o más actividades para capturar el interés de sus estudiantes.

Materiales:
página 170

Accesorios de Zona®:
ninguno

Entra a la Zona

Reciba a cada estudiante con una alegre sonrisa.

Diga: ¡Bienvenidos a la Zona Bíblica®! Estoy feliz de que estén aquí. Éste es un lugar divertido donde llegaremos a conocer la Biblia.

Si sus estudiantes no se conocen, entrégueles las etiquetas con sus nombres (página 170).

Materiales:
mesa pequeña
mantel blanco
retazos de telas
vela
Biblia
escalera pequeña

Accesorios de Zona®:
ninguno

Mesa de celebración

Pídale a un o a una estudiante que hayan llegado temprano que le ayude a preparar la mesa de celebración. Acomode la mesa con el color apropiado, la vela y la Biblia, de acuerdo con las instrucciones de la página 12.

Para esta sesión coloque una pequeña escalera junto a la mesa.

Escape de la casa

Reúna a sus estudiantes. Pídales que se sienten en el piso formando un círculo. Invíteles a que cuenten algunas historias, recordadas por sus familiares, sobre intentos de fuga de la casa, realizados por algunos de ellos cuando eran pequeños. Pase a Faraona la rana, la **rana afelpada**, a las niñas o los niños que tengan una historia que contar.

Materiales:
ninguno

Accesorios de Zona®:
rana afelpada

Diga: Voy a empezar nuestro juego diciendo, "Voy a escapar de casa, pero sólo si puedo llevarme mi *(llena el espacio en blanco)* **_____ conmigo". Ustedes van a responder, "Lo sentimos, imposible llevar _____** *(la misma cosa que se mencionó)*", **y yo digo, "¡Entonces me quedaré en casa!", y paso la rana a alguien más. Esa persona repetirá la misma oración que yo dije, pero con un objeto diferente, y el grupo responderá de la misma manera. Luego yo voy a decir, "¿Y qué tal _____** *(la primera cosa que mencionaste antes)*?, **a lo que la clase responderá, "Lo sentimos, imposible llevar _____** *(la misma cosa)*". **Tratemos de hacerlo en todo el círculo.**

Escoja una o más actividades para sumergir a sus estudiantes en la historia bíblica.

El viaje de Jacob

Reparta el crucigrama del **Reproducible 5D,** Biblias y lápices.

Dígales a sus estudiantes que resuelvan el crucigrama y llenen los blancos, usando las referencias bíblicas.

Materiales:
Biblias
Reproducible 5D
lápices

Accesorios de Zona®:
ninguno

Disfruta la historia

Esta historia requiere de respuestas cantadas en varios puntos. Primero reparta los **Reproducibles 5A-B** y practique el cántico "Estaré siempre contigo" **(disco compacto, pista 11)**. Luego asigne los párrafos a diferentes lectores y disfrute la historia, usando el cántico para responder como se indica.

Materiales:
Reproducibles 5A-B
tocadiscos de discos compactos

Accesorios de Zona®:
disco compacto

El fugitivo

Proyecte la **Transparencia 1** en la pared y localiza Beerseba en el mapa. Recuérdeles a sus estudiantes que se trata del lugar donde Jacob escapó de su casa.

Luego pídale a un o a una estudiante que use la **banderita de carreras** para trazar la ruta que siguió Jacob en su viaje, deteniéndose primero en Betel, donde tuvo su sueño, y después en Harán.

Materiales:
Transparencia 1
proyector de transparencias

Accesorios de Zona®:
banderitas de carreras

PRIMARIOS MAYORES: LECCIÓN 5

Historia de la  Bíblica

Jacob en Bethel

(Lector 1:

Jacob y Esaú parecían estar siempre a punto de una pelea. Por fin, después de que engañara a su padre para que le diera la bendición que estaba destinada a Esaú, Jacob decidió que debía dejar su casa en Beerseba. Esaú había jurado que cuando su padre muriera, mataría a Jacob.

Lector 2:

Jacob se dirigió a Harán, la tierra de origen de Rebeca, su madre. Al anochecer, acampó en una región desocupada. Más tarde utilizó como almohada una de las piedras que estaban cerca y se acostó a dormir.

Lector 3:

Durante la noche tuvo un sueño. Vio una larga escalera que partía del suelo hasta alcanzar el cielo. Soñó que los ángeles del Señor subían y descendían por la escalera, y que Dios estaba de pie junto a él.

Lector 4:

Dios dijo, "Yo soy Jehová, el Dios de tu abuelo Abraham y de tu padre Isaac. Te daré a ti y a tu familia la tierra donde ahora duermes. Tus descendientes se extenderán sobre la Tierra en todas direcciones y serán tan numerosos como el polvo de la tierra. Tu familia será bendición para toda la gente". Después Dios le prometió cuidar de él.

Todos cantan:

Estaré siempre contigo.
Recuerda.
Mi protección te daré.
Recuerda.
Y a esta tierra te traeré.
Recuerda.
Recuerda.
Recuerda.

Lector 1:

De repente Jacob ¡se despertó!, y pensó, "Sin duda, el Señor está en este lugar, y yo no lo sabía".

Todos cantan:

Estaré siempre contigo.
Recuerda.
Mi protección te daré.
Recuerda.
Y a esta tierra te traeré.
Recuerda.
Recuerda.
Recuerda.

Lector 2:

A la mañana siguiente Jacob se levantó diciendo, "¡Este lugar es muy sagrado! Sólo puede ser la casa de Dios y la puerta del cielo". Tomó la roca que le había servido de almohada y la puso en pie como señal de lugar de adoración. Derramó aceite sobre la roca y la consagró a Dios, y llamó aquel lugar Betel, que significa "casa de Dios".

Reproducible 5A
Permiso de fotocopiado otorgado para uso de la iglesia local. © 2007 Abingdon Press.

Todos cantan:

Estaré siempre contigo.
Recuerda.
Mi protección te daré.
Recuerda.
Y a esta tierra te traeré.
Recuerda.
Recuerda.
Recuerda

Lector 3:

Jacob sabía que Dios estaría con él, así que prometió que convertiría en casa de Dios la roca que había puesto como pilar y que daría a Dios la décima parte de todo lo que recibiera de él. Jacob siguió su camino recordando lo que Jehová le había dicho:

Todos cantan:

Estaré siempre contigo.
Recuerda.
Mi protección te daré.
Recuerda.
Y a esta tierra te traeré.
Recuerda.
Recuerda.
Recuerda.

"Estaré siempre contigo"
LETRA: Génesis 28:15; trad. por Carmen Saraí Pérez
MÚSICA: June Fisher Armstrong
© 1990; trad. © 2007 CRC Publications. Todos los derechos reservados

Dios cuida de nosotros.

Jacob sueña

En Génesis 28:10-22 podemos leer acerca de un sueño que tuvo Jacob; tú puedes recrear este sueño con los dibujos de abajo. Primero coloréalos con crayones o marcadores. Pega las escenas en los dos lados de un pedazo de cartón de 4 por 6 pulgadas. Haz dos perforaciones en cada extremo en medio de cada orilla. Introduce liguillas por los orificios y tuércelas muy apretadas en la misma dirección. Por último estira las liguillas para que se destuerzan.

Reproducible 5C

Permiso de fotocopiado otorgado para uso de la iglesia local. © 2007 Abingdon Press.

ZONA BÍBLICA®

Escoja una o más actividades para sumergir a sus estudiantes en la historia bíblica.

Recrea el sueño

Antes de la clase, fotocopie el **Reproducible 5C**.

Durante la sesión entregue a cada estudiante una copia y pídales que lean las indicaciones para recrear el sueño de Jacob.

Es preferible que haga una muestra del trabajo por adelantado para que sus estudiantes vean cómo funciona.

Materiales:
Reproducible 5C
crayones o marcadores
tijeras
pegamento
cartón
perforadora
liguillas

Accesorios de Zona®:
ninguno

Escribe un rap

Pídales a sus estudiantes que vean el versículo bíblico que escribió en el pizarrón, o en una hoja grande de papel. Invíteles a crear un rap usando el versículo bíblico como un responso.

Diga: El versículo bíblico de hoy nos dice que Dios está con nosotros y que nos cuidará por dondequiera que vayamos; esto no significa que Dios permitirá que todo sea perfecto para nosotros, pero sí que nos acompañará, sin importar en qué situación nos encontremos. Vamos a componer un rap con el versículo bíblico. Antes de empezar, piensen en varios lugares a donde podrían ir sabiendo que Dios estaría con ustedes. Yo empiezo con un lugar, y ustedes responden con el versículo bíblico. Después, quien esté junto a mí mencionará otro lugar. Pero primero repitamos juntos el versículo.

Comience así, acentuando la palabra o sílaba subrayada: "A la <u>ci</u>ma de una mon<u>ta</u>ña, <u>yo</u> voy a <u>ir</u>". El grupo responde poniendo el acento en la palabra o sílaba subrayada: "<u>Voy</u> a cui<u>dar</u>te por donde <u>quie</u>ra que <u>va</u>yas".

Materiales:
versículo bíblico escrito en el pizarrón
marcadores o tiza

Accesorios de Zona®:
ninguno

Jerigonza de viaje

Diga: En algunas ocasiones, cuando estamos de viaje, necesitamos algo que nos mantenga ocupados para pasar el tiempo. Vamos a jugar un juego en el que ustedes crearán una oración con cuatro o más palabras que empiecen con la primera letra de su nombre; por ejemplo, si mi nombre fuera Memo, diría, "Memo mira muelas mientras muele muérdagos". Usaremos esta pelota de playa para determinar a quién le toca el turno. Cuando reciban la pelota, dicen su oración y luego lanzan la pelota a alguien más del salón. Si alguna persona tiene dificultades para inventar su oración, los demás pueden ayudar. (Si tienes un grupo grande, divídalo en dos equipos y utilice dos pelotas.)

Materiales:
ninguno

Accesorios de Zona®:
pelotas de playa

PRIMARIOS MAYORES: LECCIÓN 5

Zona de Vida

Escoja una o más actividades para que Biblia cobre significado en la vida.

Carrera de caras y gestos

Materiales:
ninguno

Accesorios de Zona®:
ninguno

Este juego ayudará a sus estudiantes a darse cuenta de que Dios estará con ellos, no sólo hoy, sino en el futuro, cuando estén trabajando en sus profesiones. Pídales a sus estudiantes que piensen en una carrera que les gustaría estudiar cuando sean grandes y que piensen en cómo le harán saber a los demás la carrera que seleccionaron sin usar palabras. Divida al grupo en equipos de cinco.

Un voluntario o una voluntaria del primer equipo hará gestos de la carrera que escogió. El equipo del voluntario tratará de adivinar en treinta segundos de qué carrera se trata (utilice un cronómetro para esta actividad). Si ellos no adivinan en el tiempo requerido, el voluntario les dirá cuál carrera es. Cuando se sepa la carrera, el grupo entero responderá con el versículo, "Voy a cuidarte por donde quiera que vayas" (Génesis 28:15).

Continúa el juego con un voluntario o una voluntaria de cada uno de los equipos, y después con un segundo voluntario por equipo, y así hasta que todos los miembros del grupo hayan tenido la oportunidad de que se les confirme que Dios irá con ellos a donde quiera que vayan.

Alabanza y oración

Materiales:
Reproducibles 1E y 5E
tocadiscos de discos compactos
mesa de celebración
escalera pequeña

Accesorios de Zona®:
rana afelpada
disco compacto

Con el cántico "Yo estoy contigo" **(Reproducible 1E; disco compacto, pista 4)**, llame al grupo a la Mesa de celebración para el momento de alabanza y oración. Encienda la vela y mencione el color apropiado de temporada, así como la pequeña escalera junto a la mesa.

Diga: El día de hoy tenemos una escalera junto a nuestra mesa de celebración. ¿Cómo nos recuerda la historia de hoy esa escalera? (*Use a Faraona la rana para continuar con la discusión.*)

Reparta el **Reproducible 5E** y cante "Sé que el Espíritu" **(disco compacto, pista 12)**.

Ore así: Gracias, Dios, por estar siempre con nosotros, incluso en los momentos difíciles. Amén.

Entregue a cada estudiante una copia de la Zona Casera® para disfrutar esta semana. Además, saque copias de la página 174 para que se las lleven; esta página les ayudará a hacer la papirola que se menciona en Zona Casera®.

# Casera para estudiantes

DIOS NOS CUIDA

Puedes hacer una papirola que te recuerde que Dios nos cuida. Vas a necesitar un papel cuadrado, una pluma o lápiz, y las instrucciones que te dé tu maestra/o. (Nota para el maestro: las instrucciones impresas están en la página 174.)

Dobla el papel a la mitad y luego otra vez a la mitad.

Abre el papel y luego dobla las cuatro esquinas hacia el centro. Ahora voltéalo; tienes nuevas esquinas para doblar hacia el centro.

Levanta cada pestaña, y escribe debajo una palabra de esta oración: "Dios cuida de nosotros". En la parte de abajo, tira de las pestañas para formar cuatro pequeños conos donde puedes poner tus dedos.

Cada vez que agarres abriendo o cerrando la papirola, puedes recordar que Dios nos cuida como si estuviéramos agarrados muy cerca de Dios.

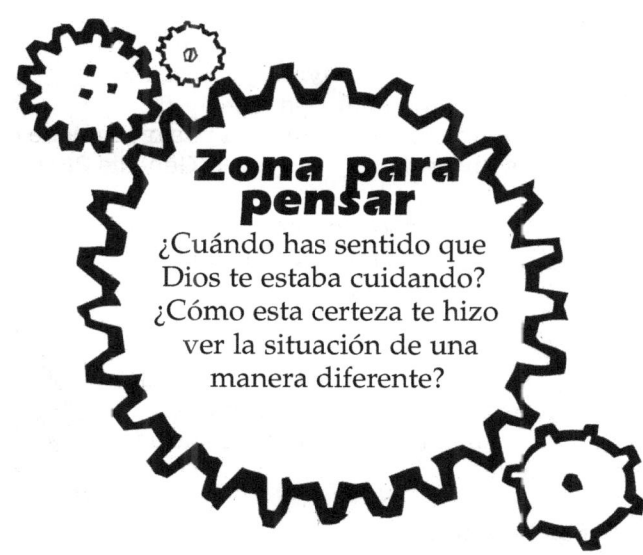

Zona para pensar

¿Cuándo has sentido que Dios te estaba cuidando? ¿Cómo esta certeza te hizo ver la situación de una manera diferente?

Merienda de viaje

Haz un bocadillo que alguien (¡tal vez incluso Jacob!) pudiera llevar consigo para disfrutar durante un viaje. Mezcla lo siguiente:

4 tazas de palomitas de maíz
2 tazas de cereal Chex
2 tazas de nueces
1 taza de pasitas

Rocía mantequilla derretida sobre la mezcla y luego espolvorea canela molida y azúcar. Revuelve bien y disfruta.

Versículo para memorizar

Yo estoy contigo; voy a cuidarte por dondequiera que vayas.

Génesis 28:15

Dios cuida de nosotros.

Un crucigrama

El hermano de Jacob era **1** _ _ _ _ . . (Génesis 27:41)

Su madre le advirtió a Jacob que su **2** _ _ _ _ _ _ _ planeaba matarlo. (Génesis 27:42)

Su madre le dijo que huyera y fuera a **3** _ _ _ _ _ donde vivía su hermano (Génesis 27:43-45).
Jacob acampó en un lugar para pasar la noche después de salir de **4** _ _ _ _ _ _ _ _ . (Génesis 28:10)

En un sueño, Jacob vio una **5** _ _ _ _ _ _ _ que iba del cielo a la Tierra. (Génesis 28:11-12)

Jehová, el Dios de su abuelo **6** _ _ _ _ _ _ _ _ , le habló prometiéndole la tierra donde dormía y que tendría una familia muy grande. (Génesis 28:13-14)

El Señor también **7** _ _ _ _ _ _ _ _ ir con Jacob a donde quiera que fuera y llevarlo de regreso a su tierra. (Génesis 28:15)

Cuando Jacob despertó del sueño, pensó, "Sin duda, el **8** _ _ _ _ _ está en este lugar, ¡y yo no lo sabía!" (Génesis 28:16)

Jacob decidió que ese lugar no podía ser más que la **9** _ _ _ _ de Dios, y lo llamó **10** _ _ _ _ _ . (Génesis 28:17-19)

Jacob prometió que **11** _ _ _ _ _ _ _ _ _ _ _ un lugar de adoración. También prometió darle a Dios la **12** _ _ _ _ _ _ parte de todo lo que recibiera de él. (Génesis 28:20-22)

Busca cada una de las referencias de las Sagradas Escrituras. Esto te ayudará a encontrar las palabras que faltan. Después escribe las letras de las palabras en las casillas del crucigrama.

Reproducible 5D

Permiso de fotocopiado otorgado para uso de la iglesia local. © 2007 Abingdon Press.

Zona Bíblica®

Cántico de

Sé que el Espíritu

Sé que el Espíritu de Dios se encuentra aquí;
su poder y gracia puedo yo sentir.
Puedo oír la voz de ángeles
y radiantes rostros ver.
Sé que el Espíritu de Dios se encuentra aquí.

Sé que el Espíritu de Dios se encuentra aquí;
su poder y gracia puedo yo sentir.
Puedo oír la voz de ángeles
y radiantes rostros ver.
Sé que el Espíritu de Dios se encuentra aquí.

LETRA: Lanny Wolfe, 1977
MÚSICA: Lanny Wolfe, 1977
© 1977; trad. © Lanny Wolfe Music / ASCAP; admin. por Gaither Copyright Management

La zarza ardiente

Entra a la

Versículo bíblico
Cada uno de ustedes sirva a los demás según lo que [los dones] haya recibido.

1 Pedro 4:10b

Historia bíblica
Éxodo 3:1-22

Aunque nos cueste trabajo imaginar que Dios se hiciera presente en una zarza ardiente, debemos darnos cuenta que la gente del mundo antiguo solía considerar el fuego como un signo de la presencia de Dios. En la historia de hoy Dios usa una zarza en llamas para capturar el interés de Moisés. Cuando Moisés se aproximó a la zarza para investigar, Dios lo detuvo llamándolo desde la zarza. Dios le dijo que no se acercara más y que se quitara las sandalias, dos señales de que Moisés estaba parado en terreno sagrado. Quitarse el calzado es un signo de reverencia de raíces ancestrales.

El hecho de que Moisés no reconociera a Dios quizá tenga que ver con sus antecedentes. Moisés nació de una mujer hebrea pero fue educado en el palacio egipcio y estaba rodeado de muchas representaciones divinas egipcias. Como la zarza ardía, Dios se reveló como el Dios de sus ancestros: "Yo soy" o YHWH.

Luego vino el llamado, el anuncio de la tarea que Dios le encomendó a Moisés. ¿Puede imaginar las preguntas que pasaron por la mente de Moisés? Él había dejado Egipto y llevaba años viviendo como un pastor de ovejas, sin saber cómo la pasaba su pueblo bajo el yugo de esclavitud egipcia. Después de años en el desierto él no se sentía con confianza para confrontar a la gente, especialmente al gobernante de Egipto, con el que tal vez no había tenido buenas relaciones mientras crecía en el palacio. Moisés tal vez pensó, "¿Quién?, ¿Yo?, ¿Por qué yo? Incluso si el faraón aceptaba dejar ir a la gente, ¿qué rutas seguirían? ¿Cómo alguien sin habilidades de liderazgo podría organizar a toda esa gente para su partida? Ellos no podrían cargar con todo lo necesario para semejante multitud de personas, y ¿cómo encontrarían comida para ellos y sus animales? ¿Dónde se asentarían en esa nueva tierra? ¿Serían bienvenidos? A pesar de todas estas posibles preguntas de parte de Moisés, Dios fue firme en su llamado. Dios escogió a Moisés, y Moisés tuvo que responder

Con frecuencia dudamos del llamado de Dios. Pero una y otra vez Dios nos llama y nos afirma que podemos cumplir con la encomienda, con Su ayuda.

Dios nos llama y nos equipa para hacer cosas importantes.

Vistazo a la

ZONA	TIEMPO	MATERIALES	ACCESORIOS DE ZONA®
Acércate a la zona			
Entra a la Zona	5 minutos	página 170	ninguno
Mesa de celebración	5 minutos	mesa pequeña, mantel blanco, retazos de telas, vela, Biblia, una rama de arbusto	ninguno
Crea una historia	10 minutos	recortes de revistas, tijeras	rana afelpada
Zona Bíblica®			
Revoltijo de versículo	5 minutos	Reproducible 6B (parte de abajo), Biblias, sobres, tijeras	ninguno
Disfruta la historia	10 minutos	Reproducible 6A (opcional: traje de la época bíblica)	rana afelpada
Nuestros dones	10 minutos	globos, periódico, recipiente amplio, Reproducible 6B (parte de arriba), lápices, pegamento, hilo de tejer, artículos de limpieza, tijeras, marcadores	ninguno
Rana y fuego	5 minutos	periódicos, cinta adhesiva de paquetes	pelota inflable de rana, rana afelpada
Zona de Vida			
Busca las palabras	5 minutos	Reproducible 6C, Biblias, lápices	ninguno
Diarios llameantes	10 minutos	Reproducible 6D, tablas sujetapapeles o libros con superficies duras, lápices, tocadiscos de discos compactos, proyector de transparencias, Transparencia 2	disco compacto
Alabanza y oración	5 minutos	Reproducibles 1E y 6E, tocadiscos de discos compactos, Mesa de celebración, una rama de arbusto	rana afelpada, disco compacto

◎ Los Accesorios de Zona® se encuentran en el Paquete de **DIVERinspiración®**.

Acércate a la

Escoja una o más actividades para capturar el interés de sus estudiantes.

Materiales:
página 170

Accesorios de Zona®:
ninguno

Entra a la Zona

Salude a cada estudiante con una alegre sonrisa.

Diga: ¡Bienvenidos a la Zona Bíblica! Estoy feliz de que estén aquí. Éste es un lugar divertido donde llegaremos a conocer la Biblia.

Si sus estudiantes no se conocen, entrégueles las etiquetas con sus nombres (página 170).

Materiales:
mesa pequeña
mantel blanco
retazos de telas
vela
Biblia
una rama de arbusto

Accesorios de Zona®:
ninguno

Mesa de celebración

Pídale a un niño o a una niña que hayan llegado temprano que le ayude a preparar la mesa de celebración. Prepare la mesa con el color apropiado, la vela y la Biblia, de acuerdo con las instrucciones de la página 12.

Para esta sesión ponga una rama de algún arbusto junto a la vela en la mesa.

Materiales:
recortes de revistas

Accesorios de Zona®:
rana afelpada

Crea una historia

Acomode una variedad de recortes de revistas y pídales a sus estudiantes que escojan una lámina. Luego dígales que se vuelvan hacia su vecino (por parejas) y que creen una historia increíble partiendo de la lámina que eligieron y que la cuenten a su pareja. Después, use a Faraona la rana para seguir con la discusión.

Pregunte: ¿Podrías creer la historia que escuchaste? ¿Por qué? ¿Alguna vez te ha pasado algo que parezca inverosímil? Diga: Nuestra historia de hoy es ciertamente increíble.

Escoja una o más actividades para sumergir a sus estudiantes en la historia bíblica.

Revoltijo de versículo

Con tiempo, fotocopie y recorte las tarjetas del versículo bíblico (**Reproducible 6B, parte de abajo**); haga suficientes para que tenga un juego de tarjetas por cada tres o cuatro estudiantes. Ponga cada juego en un sobre. Reparta Biblias y dígales que busquen 1 Pedro 4:10b. Dígales que lean el versículo con usted: "Cada uno de ustedes sirva a los demás según lo que [los dones] que haya recibido".

Pida a sus estudiantes que cierren sus Biblias y que formen una fila de acuerdo a sus fechas de nacimiento, en un extremo los que nacieron en enero y en el otro los que nacieron en diciembre. Numérelos en grupos de tres o cuatro estudiantes. Déle a cada equipo uno de los sobres con el versículo adentro y dígales que encuentren un lugar donde puedan extender las tarjetas y ponerlas en orden. Cuando todas estén en orden, lean juntos el versículo.

Materiales:
Reproducible 6B
 (parte de abajo)
Biblias
sobres
tijeras

Accesorios de Zona®:
ninguno

Disfruta la historia

Narre la historia como si usted fueras Moisés, con el **Reproducible 6A**. Puedes vestirse como en los tiempos bíblicos o invitar a alguien para que represente a Moisés y narre la historia. Presente a esa persona (o a usted mismo/a) como Moisés, a quien le sucedió algo extraño e increíble. Después de la narración, manténgase en el papel y pregunte a sus estudiantes si tienen alguna duda. Use a Faraona la rana para facilitar las preguntas. Después que haya terminado con las preguntas puede quitarse la vestimenta y continuar con la clase.

Pregunte: ¿Por qué parecía imposible la encomienda que Dios le dio a Moisés? ¿Qué obstáculos tenía que salvar Moisés? ¿Qué ayuda recibiría?

Materiales:
Reproducible 6A
opcional: traje de los
 tiempos bíblicos

Accesorios de Zona®:
rana afelpada

Historia de la Zona Bíblica

Dios llama a Moisés

¿Alguna vez les ha pasado algo poco usual que saben que si lo cuentan nadie les creería? ¿Han sentido que Dios quiere que hagan algo de lo que no se creen capaces de hacer? A mí me pasó algo así. Déjenme contarles mi experiencia.

Mi nombre es Moisés y he vivido en el desierto por muchos años. Hace mucho tiempo vivía en un gran palacio en Egipto. De hecho, fui educado en el palacio por la princesa, pero yo no era su hijo. En realidad yo era hijo de un esclavo, y cuando crecí y vi a un egipcio golpeando a uno de los míos me enfurecí y maté al hombre antes de que él matara al esclavo. Entonces temí por mi vida, así que escapé al desierto. Al pasar el tiempo me casé y tuve hijos. Trabajo para mi suegro aquí en el desierto, cuidando a sus ovejas. Pero permítanme contarles acerca del extraño acontecimiento del que les hablé.

Ese día comenzó como cualquiera otro: levantarse temprano, salir al desierto, caminar con mucho trabajo entre los matorrales secos rescatando a las ovejas extraviadas. Pero de pronto noté entre los arbustos que uno de ellos estaba ardiendo. Los incendios a campo abierto suceden muy rápido; es importante apagarlos antes de que se expandan. Me acerqué para investigar esa zarza y me di cuenta de que a pesar de que ardía, no parecía quemarse, y me pregunté, "¿Cómo puede ser posible?"

Entonces una voz vino a mí desde la zarza, aunque no había ni un alma por todo aquel lugar. La voz dijo, "Quítate las sandalias porque el lugar que pisas santo es. Yo soy el Dios que adoraban tu padre y tu abuelo, y todos tus antepasados desde Abraham".

Tuve miedo de mirar la cara de Dios, así que cubrí mi cara. Luego Dios me dijo que yo tenía que ayudar a mi pueblo a salir de Egipto libres y a llevarles a una tierra maravillosa donde tendríamos todo lo que necesitáramos.

Como ustedes se pueden imaginar, yo me negué. ¿Quién era yo para realizar semejante encomienda? ¿Cómo iba yo a convencer al gobernante egipcio de dejar ir a todas estas personas? Eran ellas quienes se encargaban de hacer todo el trabajo pesado para construir los edificios y pirámides. Él no me escucharía. Además, la gente jamás me creería que había hablado con Dios, y nadie confiaría en mí para dirigirles.

A mi mente, que estaba cuestionándolo todo, llegaron las palabras de Dios, "Yo estaré contigo. Y tú sabrás que yo soy quien te envía, cuando me adores en este monte después de que hayas guiado a mi pueblo fuera de Egipto.

Nuevamente tenía una pregunta para Dios. Le pregunté, "¿Qué debo decir si ellos me preguntan tu nombre?"

Dios me respondió, "YO SOY EL QUE SOY. Así que diles que el Señor, cuyo nombre es 'YO SOY', te ha enviado". Entonces Dios me dijo que fuera primero con los hebreos para decirles todo y luego con el gobernante. Dios prometió hacer toda clase de milagros para convencerle de dejar ir a la gente.

Y ahora salgo hacia Egipto. Esto no era lo que planeaba hacer con mi vida. Llevo a mi familia conmigo, pero sé que será duro para ellos. Tengo un trabajo muy difícil delante de mí. Debo enfrentar al faraón, el gobernante del país. Dios me ha llamado, y yo tengo que confiar en que Dios me ayudará.

Reproducible 6A
Permiso de fotocopiado otorgado para uso de la iglesia local. © 2007 Abingdon Press.

Zona Bíblica

Dios nos llama y nos equipa para hacer cosas importantes.	Dios nos llama y nos equipa para hacer cosas importantes.
Dios nos llama y nos equipa para hacer cosas importantes.	Dios nos llama y nos equipa para hacer cosas importantes.

Cada	uno	de
ustedes	sirva	a
los	demás	según
los	dones	que
haya	recibido	1 Pedro 4:10b

Moisés en Madián

Escondidas en este dibujo hay impresas veinte palabras de las Escrituras. Lee la historia y circula las palabras ocultas en el dibujo.

Éxodo 3:1-8a; 10-12

1 Moisés cuidaba las ovejas de su suegro Jetro, que era sacerdote de Madián, y un día las llevó a través del desierto y llegó hasta el monte de Dios, que se llama Horeb. 2 Allí el Ángel del Señor se le apareció en una llama de fuego, en medio de una zarza. Moisés se fijó bien y se dio cuenta de que la zarza ardía con el fuego, pero no se consumía. 3 Entonces pensó: "¡Qué cosa tan extraña! Voy a ver por qué no se consume la zarza".
4 Cuando el Señor vio que Moisés se acercaba a mirar, lo llamó desde la zarza:
—¡Moisés! ¡Moisés!
—Aquí estoy –contestó Moisés.
5 Entonces Dios le dijo:
—No te acerques. Y descálzate, porque el lugar donde estás es sagrado.
6 Y añadió:
—Yo soy el Dios de tus antepasados. Soy el Dios de Abraham, de Isaac y de Jacob.
Moisés se cubrió la cara, pues tuvo miedo de mirar a Dios, 7 pero el Señor siguió diciendo:
—Claramente he visto cómo sufre mi pueblo que está en Egipto. Los he oído quejarse por culpa de sus capataces, y sé muy bien lo que sufren. 8 Por eso he bajado, para salvarlos del poder de los egipcios; voy a sacarlos de ese país y a llevarlos a una tierra grande y buena, donde la leche y la miel corren como el agua [...] 10 Por lo tanto, ponte en camino, que te voy a enviar ante el faraón para que saques de Egipto a mi pueblo, a los israelitas.
11 Entonces Moisés le dijo a Dios:
—¿Y quién soy yo para presentarme ante el faraón y sacar de Egipto a los israelitas?
12 Y Dios le contestó:
—Yo estaré contigo, y ésta es la señal de que yo mismo te envío: cuando hayas sacado a mi pueblo de Egipto, todos ustedes me adorarán en este monte.

Reproducible 6C

Zona Bíblica

Permiso de fotocopiado otorgado para uso de la iglesia local. © 2007 Abingdon Press.

Escoja una o más actividades para sumergir a sus estudiantes en la historia bíblica.

Nuestros dones

Fotocopie la parte superior del **Reproducible 6B** y recorte las papeletas; cada estudiantes necesita varias. Lea el versículo bíblico. Después reparta las papeletas y lápices, y lean juntos el mensaje escrito allí.

Diga: Dios le ha dado a cada uno de ustedes "regalos" o dones especiales, tales como la habilidad de salir bien en una materia específica en la escuela, o saber escuchar a las amistades, dibujar o escribir bien, tener buen sazón para cocinar, capacidad para los deportes o habilidades musicales. Piensa acerca de los regalos que Dios te ha dado. Luego escribe cada uno de esos dones en cada papeleta.

Cuando terminen de escribir, entregue a sus estudiantes globos pequeños, pida que enrollen sus papeletas y que las deslicen por el cuello del globo. Indíqueles que inflen sus globos y los anuden; no deben inflarse demasiado. Deben escribir su nombre en el globo con marcador de tinta permanente. Proteja las mesas con papel de periódico y coloque encima un recipiente amplio con pegamento blanco en el fondo. Entregue a cada estudiante una madeja de hilo de tejer(de aproximadamente 20 yardas cada una). Deberán pasar el hilo rápidamente por el pegamento y enseguida forrar con el globo, pasando el hilo alrededor y entrecruzándolo de manera que solamente queden pequeñas aberturas entre las hebras. Cuando se seque el hilo, se debe pinchar y sacar el globo, dejando las papeletas dentro de la estructura de hilo tieso, para que los niños y las niñas recuerden los dones que Dios les ha dado. Si es complicado llevarse a casa los trabajos todavía húmedos, déjelos secar hasta la próxima clase.

Materiales:
globos
periódico
recipiente amplio
Reproducible 6B
   (parte de arriba)
lápices
pegamento
hilo de tejer
artículos de limpieza
tijeras
marcadores de tinta
   permanente

Accesorios de Zona®:
ninguno

Rana y fuego

Enrolle un periódico y fórrelo con cinta adhesiva para paquetes para formar un palo. Delimite un espacio al centro de un área abierta para simbolizar la zarza ardiente. Infle la **pelota playera de rana**. El objetivo es batear la pelota y que no toque la zarza ardiente. Un estudiante representará a Moisés y mantendrá a la rana fuera del fuego. Cada vez que la rana toque el fuego, todos deberán repetir, "Dios nos llama y nos equipa para hacer cosas importantes". (Para un grupo grande, tenga dos círculos y dos pelotas.)

Pregunte: ¿Qué creen que significa el lema de En la ZONA®? ¿Cuáles son algunas cosas importantes que ustedes, como estudiantes de cuarto, quinto y sexto año, pueden hacer? ¿Cómo los equipa Dios para hacer esas cosas? ¿Qué cosas importantes puede hacer nuestra clase? ¿Cómo nos equipa Dios para hacer esas cosas? ¿Qué tipo de planes podemos hacer para hacer una cosa en específico?

Si de esta discusión surge un proyecto para la iglesia o un proyecto misionero, haga planes para darle seguimiento.

Materiales:
periódicos
cinta adhesiva para
   paquetes

Accesorios de Zona®:
pelota inflable de
   rana
rana afelpaca

PRIMARIOS MAYORES: LECCIÓN 6

 de Vida

Escoja una o más actividades para que la Biblia cobre significado en la vida diaria.

Materiales:
Reproducible 6C
Biblias
lápices

Accesorios de Zona®:
ninguno

Busca las palabras

Reparta Biblias y pídales a sus estudiantes que busquen Éxodo 3:1-15 y que lo lean. Reparta el **Reproducible 6C** y lápices. Pida a sus estudiantes que trabajen en parejas, buscando en el dibujo las palabras de la Escritura impresa al pie de la página. *(Palabras escondidas: ovejas, Horeb, fuego, zarza, Moisés, descálzate, sagrado, Dios, antepasados, miedo, pueblo, sufren, poder, salvarlos, enviar, faraón, Egipto, contigo, señal y adorarán.)*

Materiales:
Reproducible 6D
tablas sujetapapeles o libros con superficies duras
lápices
tocadiscos de discos compactos
proyector de transparencias
transparencia 2

Accesorios de Zona®:
disco compacto

Diarios llameantes

Reparta los **Reproducibles 6D** y lápices. Pídales a sus estudiantes que busquen un lugar donde se sientan cómodos y lejos de los demás. Si necesitan algo firme donde apoyarse para escribir, proveáles de tablas sujetapapeles o libros con superficies duras. Ponga la transparencia del desierto **(transparencia 2)** en el proyector de transparencias.

Diga: Les voy a mostrar una imagen del desierto. *(Encienda el proyector.)* **En la historia de hoy, Moisés estaba solo en el desierto cuando Dios se le apareció en una zarza ardiente. Van a escuchar un efecto de sonido que suena como el viento y el fuego. Piensen en lo que Dios les está llamando a hacer esta semana. Esto puede ser una acción específica o una actitud diferente o pasar tiempo a solas con Dios. Escribe sobre ello en la llama de tu dibujo.** *(Toque "Viento y fuego", disco compacto, pista 28.)* **Llévenselo a casa y en la parte posterior escriban sus pensamientos de esta semana. Escriban cómo planean poner en práctica su llamado, los problemas que se les presenten y cómo se sientan al seguir su plan.**

Materiales:
Reproducibles 1E y 6E
tocadiscos de discos compactos
mesa de celebración
rama de arbusto

Accesorios de Zona®:
rana afelpada
disco compacto

Alabanza y oración

Usando el cántico "He aquí, yo estoy contigo" **(Reproducible 1E; disco compacto, pista 4)**, llame a la clase a la mesa de celebración para el momento de alabanza y oración. Encienda la vela y haga notar el color litúrgico de esta de temporada, así como la rama que se encuentra en la mesa.

Pregunte: ¿Qué hay sobre la mesa relacionado con la historia de hoy? Moisés encontró a Dios en el desierto. ¿Adónde van ustedes para hablar con Dios? *(Reparta copias de "Tú eres mío", Reproducible 6E; disco compacto, pista 3.)* **Vamos a cantar juntos una vez. Les voy a ir llamando por nombre. Cuando diga su nombre, se van a parar en medio del círculo mientras continuamos cantando. Haremos esto con cada uno de ustedes, porque Dios nos llama a todos.** *(Cierre con una oración, dando gracias a Dios por haberles llamado y por estar con nosotros.)*

Haga una copia de Zona Casera® para cada estudiante.

Casera para estudiantes

LA ZARZA ARDIENTE

Moisés oyó que Dios lo llamaba desde una zarza que ardía. Recicla papel periódico y conviértelo en pasta de papel para moldear una llama que te recuerde el llamamiento de Dios.

Vas a necesitar: una palangana grande, periódico, agua caliente, una cuchara de madera, una licuadora o procesador de alimentos, pegamento blanco para artesanía y colorante vegetal rojo.

Llena ⅓ de la palangana con papel periódico trozado en pedacitos. Añade suficiente agua caliente para cubrir el periódico. Déjalo remojar y enfriar por 20 minutos y agita fuerte con una cuchara de madera hasta que comience a volverse pulpa. Pon un poco de la mezcla en una licuadora o procesador de alimentos (cerca de ½ taza a la vez) y prende y apaga la máquina para que el motor no se fatigue. Licúa hasta que se suavice. Viértelo en un recipiente y continúa licuando porciones de ½ taza. Revuelve cerca de ½ taza de pegamento blanco para artesanía en la mezcla; si es una cantidad grande de papel, añade un poco más de pegamento. Añade colorante vegetal rojo a la mezcla para las flamas. Si quieres colores adicionales, divide la mezcla antes de ponerle el colorante. La mezcla se debe guardar en el refrigerador en un recipiente cubierto. Moldea la pasta formando llamas de fuego. Ponlas en un lugar seco y calientito durante varios días para que se seque.

Zona para pensar

¿A qué me está llamando Dios? Moisés tenía miedo de no poder realizar lo que Dios le pedía que hiciera. ¿Cómo puedo saber que Dios me ayudará con la tarea que me ha encomendado?

Palitos de fuego

Vas a necesitar: pretzels de palito y rollitos de fruta color rojo.

Corta flequillos a lo largo de los rollitos de fruta color rojo. Enróllalo cuidadosamente en el extremo de un pretzel de palito para dar la apariencia de una ramita en llamas.

Versículo para memorizar

Cada uno de ustedes sirva a los demás según los dones que haya recibido.

1 Pedro 4:10b

Dios nos llama y nos equipa para hacer cosas importantes.

Dios nos llama y nos equipa para hacer cosas importantes

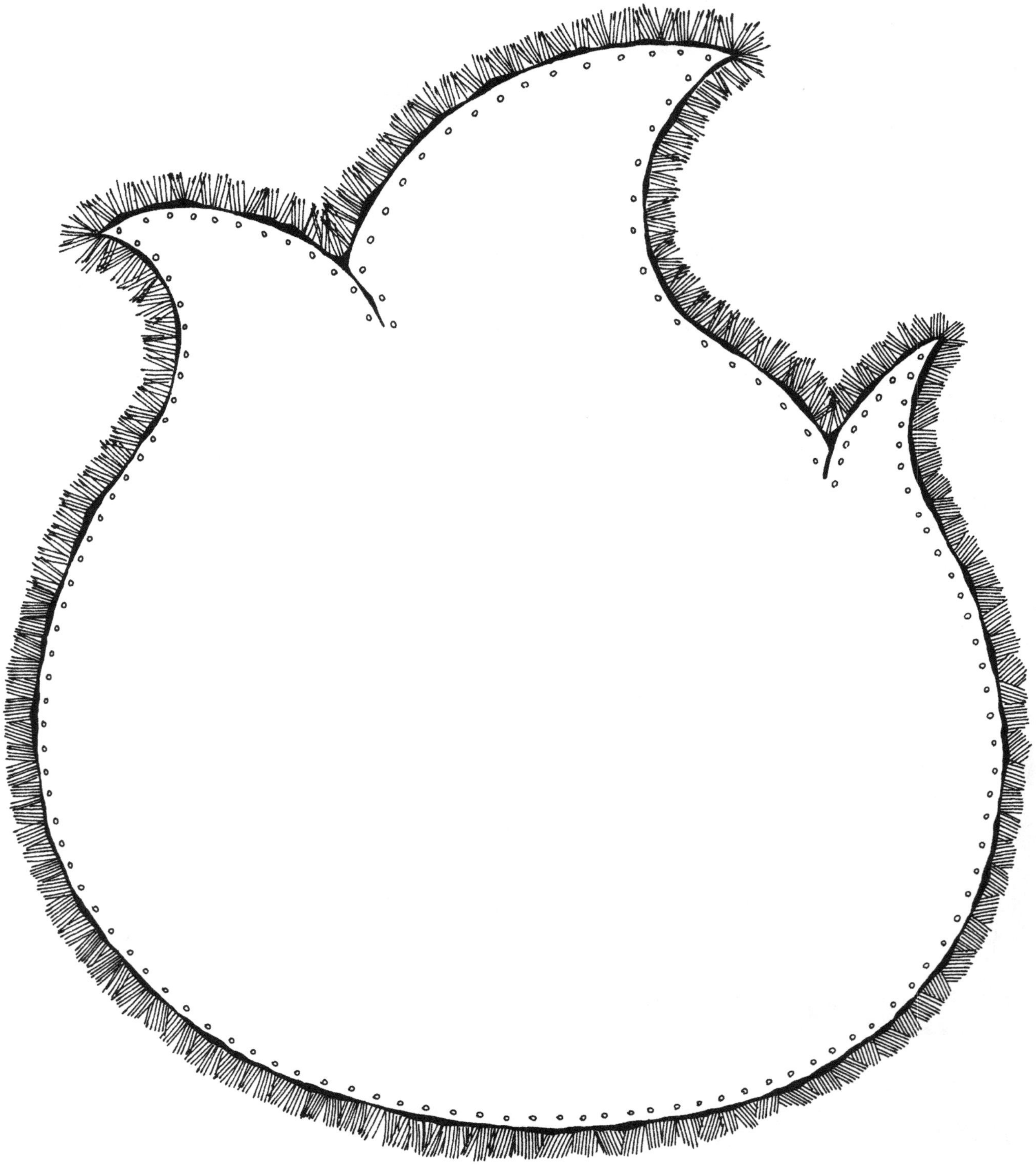

Reproducible 6D

Permiso de fotocopiado otorgado para uso de la iglesia local. © 2007 Abingdon Press.

Zona Bíblica

Cántico de

Eres mío

No temas porque estoy contigo
por tu nombre yo te llamaré.
Ven y sígueme.
Te daré la paz.
Te amo. Mío eres tú.

LETRA: David Haas; trad. por Pablo Garzón
MÚSICA: David Hass
© 1986, trad. © 2007 G.I.A. Publications

 **Dios nos llama y nos equipa para hacer cosas importantes.**

La salida de Egipto

Entra a la

Versículo bíblico
Dejen todas sus preocupaciones a Dios.
1 Pedro 5:7a

Historia bíblica
Éxodo 5:1–6:13; 6:28–12:41

Moisés, con la ayuda de su hermano Aarón, comenzó la tarea poco envidiable de convencer al faraón de liberar a sus esclavos hebreos. Como se esperaba, el faraón no fue receptivo a esa idea, aunque Moisés sólo le pidió permiso para llevarse al pueblo tres días al desierto para adorar a Dios. En vez de concederles tiempo libre a los esclavos, el faraón les incrementó la carga de trabajo, incitándoles a que se volvieran en contra de Moisés y Aarón. Así que los hermanos fueron atacados ¡por ambos flancos! ¿Te ha pasado que sientes que estás creando más problemas de los que resuelves? Seguramente Moisés sintió eso mismo.

Finalmente, empezaron los milagros, uno tras otro, con Dios siempre a la cabeza. A pesar de los milagros, el corazón del faraón continuó tan duro como una piedra hasta que la muerte de los primogénitos lo conmovió, temporalmente, y les permitió partir a los israelitas.

El drama de su liberación es recordado cada primavera con la celebración de la Pascua, que recuerda las maravillas y milagros por medio de los cuales Dios los envió a reclamar la tierra que les había prometido a sus antepasados. Dios probó ser mucho más grande que las causas y efectos del mundo natural, sin embargo suficientemente personal para cuidar del futuro de estos esclavos hebreos.

La niñez suele estar más abierta y fascinada con los milagros de las plagas de langostas, moscas y ranas. Cuando se tiene un entendimiento limitado del mundo natural, los milagros abundan. Pero como sus estudiantes primarios mayores se han vuelto más curiosos, mejor informados y un poquito escépticos, los detalles de los milagros pasan a un segundo plano ante el hecho de que Dios está con nosotros día a día, no importa qué tan grandes o pequeños sean nuestros problemas, capacitándonos para lidiar con ellos.

Dios nos fortalece y nos ayuda.

Vistazo a la

ZONA	TIEMPO	MATERIALES	⊚ ACCESORIOS DE ZONA®
Acércate a la zona			
Entra a la zona	5 minutos	marcador, papel, página 170	pelota inflable, sombrero de rana
Mesa de celebración	5 minutos	mesa pequeña, mantel blanco, retazos de telas de colores, vela, Biblia	rana afelpada
Evade las plagas	5 minutos	Reproducible 7B, lápices, Biblias	ninguno
Zona Bíblica®			
Disfruta la historia	10 minutos	Reproducible 7A	ninguno
Avanza con Dios	5 minutos	tijeras	pelota inflable de rana, sombrero de rana
Haz un títere	10 minutos	Reproducibles 7C y 7D (fotocopiados en papel de construcción verde), papel de construcción rojo, tijeras, lápices	ninguno
Depender de Dios	5 minutos	pizarrón blanco o negro, marcador o tiza	rana afelpada
Aprende el versículo bíblico	5 minutos	pliego de papel o pizarrón blanco o negro, marcador o tiza	ninguno
Zona de Vida			
Marcha de refugiados	5 minutos	Reproducible 1E, tocadiscos de discos compactos	rana afelpada, disco compacto
Alabanza y oración	5 minutos	Reproducibles 1E y 7E, tocadiscos de discos compactos, Mesa de celebración	disco compacto, rana afelpada

⊚ Los Accesorios de Zona® se encuentran en el Paquete de **DIVERinspiración®**.

PRIMARIOS MAYORES: LECCIÓN 7

Acércate a la Zona

Escoja una o más actividades para capturar el interés de sus estudiantes.

Materiales:
marcador
papel
página 170

Accesorios de Zona®:
pelota inflable
sombrero de rana

Entra a la Zona

Salude a cada estudiante con una alegre sonrisa.

Diga: ¡Bienvenidos a la Zona Bíblica! Estoy feliz de que estén aquí. Éste es un lugar divertido donde llegaremos a conocer la Biblia.

Si sus estudiantes no se conocen, entrégueles las etiquetas con su nombre (página 170).

Materiales:
mesa pequeña
mantel blanco
retazos de telas de colores
vela
Biblia

Accesorios de Zona®:
rana afelpada

Mesa de celebración

Pídale a uno de los niños o de las niñas que hayan llegado temprano que le ayude a preparar la mesa de celebración. Prepare la mesa con el color apropiado, la vela y la Biblia, de acuerdo con las instrucciones de la página 12.

Para esta sesión ponga una **rana afelpada** junto a la vela.

Materiales:
Reproducible 7B
lápices
Biblias

Accesorios de Zona®:
ninguno

Evade las plagas

Reparta Biblias, lápices y las copias del **Reproducible 7B**. Asegúrese de que sus estudiantes entiendan las instrucciones de la hoja. Anímales a que busquen y usen el pasaje bíblico.

Escoja una o más actividades para sumergir a sus estudiantes en la historia bíblica.

Disfruta la historia

Reparta los **Reproducibles 7A** y lean juntos la historia.

Avanza con Dios

Fotocopie las partes de la historia que se encuentran abajo en las secciones. Recorte las papeletas.

Pregunte: ¿Saben qué pasa cuando presionan el botón de adelantar el VCR? Así es como vamos a jugar. Le voy a dar al líder un papel con una sección de nuestra historia, quien mencionará la parte de la historia y empezará a hacer los movimientos que le correspondan. Los demás seguiremos al líder, empezando despacito y redoblando la velocidad.

Tenga a sus estudiantes en un área abierta. Lance al aire la **pelota playera de rana**. La persona que atrape la pelota será el líder, que mencionará la sección y hará los movimientos. Todos le seguirán, primero despacio y luego rápido. Lance la pelota cada vez que necesite un líder.

Materiales:
Reproducible 7A

Accesorios de Zona®:
ninguno

Materiales:
tijeras

Accesorios de Zona®:
pelota inflable de rana
sombrero de rana

1. Moisés viajó a Egipto. (*Camina sin moverte de lugar, despacio, y luego corre sin moverte de lugar.*)

2. Moisés le dijo al faraón que dejara ir a su pueblo, pero el faraón se rió en su cara. (*Ríe despacio, luego más rápido y fuerte.*)

3. El faraón obligó a los esclavos israelitas a hacer más ladrillos. (*Recoge paja y arcilla imaginarias y mézclalas, como si estuvieras haciendo ladrillos, despacio y luego más rápido.*)

4. Dios convirtió las aguas del río Nilo en sangre. (*Mueve las manos frente a ti como el correr de las aguas del río, despacio y luego más rápido.*)

5. Había ranas saltando por todos lados. (*Salta como rana, despacio y luego más rápido.*)

6. Moscas y mosquitos volaban en enjambres por doquier. (*Espanta a las moscas y mosquitos imaginarios alrededor de tu nariz, despacio y luego más rápido.*)

7. Una fuerte granizada destruyó las cosechas. (*Evita el granizo imaginario que cae, despacio y luego más rápido.*)

8. Las langostas se comieron toda la hierba y la fruta de los árboles. (*Manotea alejando de ti las langostas imaginarias frente a ti, despacio y luego más rápido.*)

9. Las tinieblas lo cubrieron todo. (*Camina un poco cerrando los ojos, despacio y luego más rápido.*)

10. Dios les dijo a los israelitas que marcaran los marcos de sus puertas con sangre de cordero para que sus hijos primogénitos no murieran. (*Haz que pintas los marcos de las puertas, despacio y luego más rápido.*)

11. El faraón deja ir a los israelitas. Ellos reúnen sus cosas y se van rápidamente. (*Empaca cosas mientras caminas en tu lugar, despacio y luego más rápido.*)

Historia de la  Bíblica

Coré narra la historia

Mi nombre es Coré y tengo una historia que contar. Se trata de Moisés y de cómo llevó a cabo una gran tarea que Dios le encomendó. A veces Moisés se inquietaba, pero aprendió a depositar en Dios sus preocupaciones. Lo mejor de esta historia es que Dios, a través de Moisés, liberó a mi pueblo de la esclavitud en Egipto. ¡Ustedes van a disfrutar escuchando cómo Dios hizo todo eso!

Moisés era uno de los nuestros, era israelita. Como otras personas de su tiempo, él nació en la esclavitud de Egipto. Pero Moisés era diferente, porque creció en el palacio del faraón, el rey egipcio. Un día él vio que un capataz golpeaba a uno de los esclavos israelitas, Moisés interfirió matando al capataz ¿intentaba matar al capataz o sólo quería proteger al hombre? Para los egipcios no había diferencia, así que Moisés huyó al desierto. Años más tardes él regresó diciéndole a mi gente que Dios lo había llamado para liberar al pueblo de la esclavitud y guiarlo hasta una tierra prometida, que era rica en leche y miel. Aarón, su hermano, lo ayudó.

Mi pueblo se entusiasmó al principio, pero cuando Moisés y Aarón se presentaron ante el faraón, el rey se rió en sus caras y entonces les dio más trabajo a los israelitas. Como ustedes se podrán imaginar, a ellos esto no les gustó nada. Mi pueblo se volvió contra Moisés y Aarón, y todos dijeron, "Esperamos que el Señor los castigue a ustedes dos por hacer que el faraón y sus oficiales nos desprecien. Ahora ellos tienen incluso un pretexto para matarnos".

Moisés se preocupó mucho por lo que sucedía, pero nuevamente depositó en Dios sus preocupaciones. Él oró, y Dios comenzó a obrar milagros que confundieron y asombraron a los sacerdotes y magos egipcios. Ustedes no creerán los problemas que Dios les dio a los egipcios. Primero, las aguas del río Nilo se convirtieron en sangre. Luego vinieron las ranas. Plagas de moscas y mosquitos volaban por todos lados y hasta les salían a los egipcios por la nariz. Después el ganado murió y todos los egipcios tenían úlceras en sus cuerpos. Descomunales tormentas de granizo destruyeron las cosechas egipcias, pero ni una piedra de hielo cayó donde mi pueblo vivía. Lo que quedó de las cosechas, así como las frutas de los árboles, se lo comieron las langostas. Al final, Dios mandó tinieblas por tres días en todo Egipto, menos en el lugar donde vivía mi pueblo. Mas el faraón no dejó ir a los israelitas.

Siguiendo el mandato de Dios, Moisés instruyó a los israelitas a matar una oveja para la comida de Pascua y poner su sangre en los marcos de las puertas para que sus casas no fueran tocadas por la muerte del primogénito y pasara de largo hacia las casas egipcias. Esa noche mi pueblo tuvo su cena de Pascua en cada casa, todos recogieron sus pertenencias y estuvieron listos para escapar por su vida. Esa noche murieron todos los hijos primogénitos de cada familia egipcia, incluyendo al hijo del faraón. Finalmente el faraón dejó ir a los israelitas quienes incluso, llevaron consigo muchas riquezas que sus vecinos egipcios les habían dado, porque así lo había mandado Dios. Se dirigieron al desierto para alabarle y eventualmente encontrar la tierra que Dios les había prometido. Pero esa es otra historia para la próxima vez.

Las preocupaciones de Moisés al fin perdieron su poder sobre él cuando las depositó en Dios. Y mi pueblo recuerda esa ocasión celebrando cada año una comida de Pascua en la primavera. Nosotros recordamos el amargo dolor y las lágrimas que nuestro pueblo padeció en la esclavitud. Recordamos los ladrillos que los esclavos eran forzados a hacer. Recordamos los corderos muertos para que su sangre fuera puesta en los marcos de las puertas. Y recordamos que cuando los israelitas partieron al desierto, no les fue posible hacer pan con levadura, así que tenían que usar pan sin levadura. Pero sobre todo, recordamos que Dios estuvo con Moisés en ese tiempo y que Dios acompañó a su pueblo en el desierto.

Reproducible 7A
Permiso de fotocopiado otorgado para uso de la iglesia local. © 2007 Abingdon Press.

Evade las plagas

Busca Éxodo 7:14, donde comienzan las plagas. Manten tu Biblia abierta por si tienes dificultades para identificar algunas plagas. Sigue el laberinto para encontrar todas las plagas que cayeron sobre el faraón y los egipcios. Cuando encuentres una plaga, toma el desvío para evadirla y continúa tu camino. Hay ilustraciones no relacionadas al texto en el laberinto, pero sólo son caminos sin salida, así que debes evitarlos.

PRIMARIOS MAYORES: LECCIÓN 7

Reproducible 7B

Permiso de fotocopiado otorgado para uso de la iglesia local. © 2007 Abingdon Press.

Títere de rana

Instrucciones:

1. Recorta la caja sólo por las líneas continuas, excepto las que van hacia el centro de la caja.
2. Dobla y pliega en todas las líneas punteadas, salvo la línea del centro.
3. Recorta las líneas continuas del centro.
4. Dobla la línea punteada del centro en dirección OPUESTA a los otros dobleces.
5. Pega las pestañas para cerrar la caja, y luego dobla la caja por la mitad por la línea del centro.
6. Corta un pedazo de papel de construcción rojo del mismo tamaño que la parte interior de la caja. Pégalo en las superficies interiores como si fuera la boca de la rana.
7. Corta un pedazo de papel de construcción rojo de 1 pulgada de ancho por 5 pulgadas de largo. Haz una horqueta (en forma de "V") en uno de sus extremos y pega el otro extremo dentro de la boca.
8. Corta dos tiras de papel verde de 4 por 1 pulgada, y enrolla las tiras, muy apretaditas, alrededor de un lápiz para hacer espirales. Pégalos en las partes laterales de la cabeza, hacia el frente, formando los ojos.
9. Coloca los dedos dentro de las mitades de la caja para hacer que la boca se mueva.

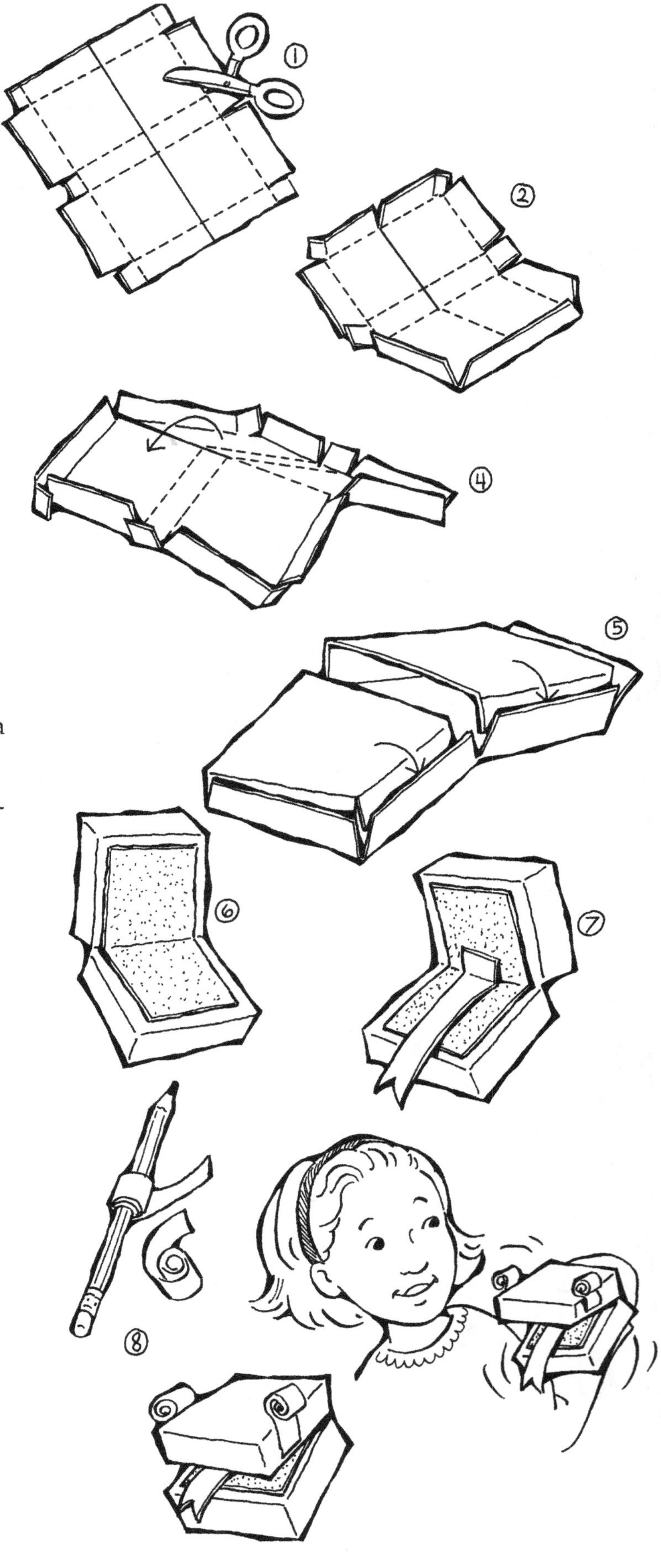

Reproducible 7C

Permiso de fotocopiado otorgado para uso de la iglesia local. © 2007 Abingdon Press.

ZONA BÍBLICA

Escoja una o más actividades para sumergir a sus estudiantes en la historia bíblica.

Haz un títere

Reparta las copias del **Reproducible 7C** y del **Reproducible 7D**. Las copias del **Reproducible 7D** necesitan sacarse en papel de construcción verde. Haga una muestra con tiempo como ejemplo. Cuando se completen los títeres, pídale a sus estudiantes que se sienten en parejas y se cuenten la historia de la salida de Egipto, usando sus títeres de rana.

Materiales:
Reproducibles 7C y 7D (fotocopiados en papel de construcción)
papel de construcción rojo
tijeras
lápices

Accesorios de Zona®:
ninguno

Depender de Dios

Diga: Los israelitas aprendieron que debían depender de Dios si querían escapar de la esclavitud egipcia.

Escriba en la pizarra *Depende de Dios siempre*.
Pregunta: ¿En qué momentos necesitan ustedes depender de Dios? ¿Cómo te afectaría el depender de Dios? ¿Qué dice el versículo bíblico acerca de depender de Dios? *(Tenga a la mano a Faraona la rana, la rana afelpada, para cualquier estudiante que tenga un comentario.)*

Materiales:
pizarrón blanco o negro
marcador o tiza

Accesorios de Zona®:
rana afelpada

Aprende el versículo bíblico

Con tiempo, escriba el versículo bíblico en el pizarrón o en un pliego de papel: "Dejen todas sus preocupaciones a Dios (1 Pedro 5:7a). Pídales que lo lean juntos. Divida a la clase en dos grupos. Pida que cada equipo haga una fila pero mirando al equipo de enfrente, a una distancia de 10 pies.

Diga: **Vamos a aprender el versículo bíblico de hoy creando un eco. La persona en el extremo de la línea 1 va a gritar la primera palabra del versículo, y todos los de la línea 2 van a repetir la palabra en un grito. Luego, la persona en el extremo de la línea 2 va a decir la primera palabra y la siguiente, y todos los de la línea 1 van a repetir esas dos palabras en un grito. Después, la siguiente persona de la línea 1 va a decir las primeras tres palabras, y todos en la línea 2 las van a repetir. Continuamos hasta que tengamos el versículo entero en eco. Al final vamos a repetir el versículo completo una vez más.**

Repita la actividad una vez más, empezando en los extremos opuestos de las líneas.

Materiales:
pliego de papel o pizarrón blanco / de negro
marcador o tiza

Accesorios de Zona®:
ninguno

PRIMARIOS MAYORES: LECCIÓN 7

 de Vida

Escoja una o más actividades para la Biblia cobre significado en la vida diaria.

Materiales:
Reproducible 1E
tocadiscos de discos compactos

Accesorios de Zona®:
rana afelpada
disco compacto

Marcha de refugiados

Acomode las sillas en círculo, una silla menos que el número de participantes en el juego. Luego juegue ese juego en que todos caminan alrededor de las sillas mientras se escucha la música. Use el cántico "Yo estoy contigo" **(disco compacto, pista 4)**. Cuando la música se detiene, todos luchan por sentarse en las sillas, quien se quede parado sale del juego y se elimina una silla. Jueguen hasta que queden sólo dos jugadores con una silla. Esta vez, quien se siente es el ganador.

Jueguen otra vez, pero esta vez nadie será eliminado, sólo se eliminan sillas. Las personas van a empezar a cooperar para poder sentarse en menos y menos sillas cada vez. Al final, el grupo entero deberá encontrar una manera de sentarse en la última silla; esto requiere mucha cooperación.

Acomode todas las sillas de nuevo y siéntense en círculo.

Pregunte: ¿Cómo que se diferencian los dos juegos? ¿Cómo se sintieron en el segundo juego? ¿En cuál juego las personas intentan golpearse? ¿Cuándo cooperó todo el mundo? Los israelitas eran refugiados cuando vagaban por el desierto. ¿Qué juego les gustaría más a los israelitas, el primer o el segundo? *(Tenga a la mano a Faraona la rana, la **rana afelpada**, para cualquier estudiante que tenga un comentario.)*

Materiales:
Reproducibles 1E y 7E
tocadiscos de discos compactos
mesa de celebración

Accesorios de Zona®:
rana afelpada
disco compacto

Alabanza y oración

Usando el cántico "He aquí, yo estoy contigo" **(Reproducible 1E; disco compacto, pista 4)**, llame al grupo hacia la Mesa de celebración para el momento de Alabanza y oración. Enciende la vela y mencione el color apropiado de la temporada, así como la **rana afelpada** que se encuentra en la mesa.

Pregunta: ¿Qué nos recuerda la rana que está en la mesa?

Reparta copias de "Vayan / Ve ahora en paz" **(Reproducible 7E, disco compacto, pista 15)** y escuchen el cántico.

Ore así: Te damos gracias, Señor, por que podamos dejarte todas nuestras preocupaciones e ir en paz. Te damos las gracias cantando.

Canten "Vayan / Ve ahora en paz" una vez más.

Haga una copia de Zona Casera® para cada estudiante.

# Casera para estudiantes

Bolitas rellenas para llevar

Mientras los israelitas viajaban por el desierto, su forma de vivir no les permitía ponerse a hornear pan con levadura, pero sí podían hacer bolitas de pasta que incluían en una sola comida. Prueba estas bolitas con pollo, que se cuecen a fuego lento hasta que estén suaves. Ten el pollo y el caldo cocinado a fuego lento cuando añadas las bolitas.

piezas de pollo (suficientes para toda tu familia)
1 taza de harina de trigo
2 ½ cucharaditas de polvo para hornear
½ cucharadita de sal
½ taza de leche
2 cucharadas de aceite

1. Pon la harina, el polvo para hornear y la sal en una cacerola y mezcla bien.
2. Vierte el aceite en la leche y añade esto a la mezcla seca. Revuelve sólo lo suficiente para mezclar y hacer que se incorporen los ingredientes.
3. Sumerge una cuchara de mesa en el caldo hirviente, luego úsala para sacar una cucharada de la masa y déjala caer en el caldo hirviente. Sumerge otra vez la cuchara en el caldo caliente y repite el proceso hasta que toda la masa esté en la olla.
4. Cocina a fuego lento y sin tapar de 8 a 10 minutos, luego pon la tapa y cocina otros 10 minutos sin destapar.
5. Sirve las bolitas y la carne en los platos y vierte el caldo. Puedes ponerle también un producto que espese el caldo.

Zona para pensar

¿Cómo puedo hacer de mi hogar un lugar mejor para vivir? ¿Cómo puedo hacer de mi vecindario un lugar mejor para vivir? ¿Cómo puedo hacer de mi ciudad un lugar mejor para vivir?

VASIJA DE PREOCUPACIONES

Haz una vasija de preocupaciones en forma de rana, donde puedas poner papeletas con tus preocupaciones escritas y luego dejarle las preocupaciones a Dios, para así depender de él. Encuentra un pequeño frasco con tapa. Limpia bien el interior y el exterior del frasco para remover todo el aceite. Usa marcadores de tinta permanente para escribir *Depende de Dios* siempre en la parte de afuera.

Versículo para memorizar

Dejen todas sus preocupaciones a Dios.
1 Pedro 5:7a

Dios nos fortalece y nos ayuda.

PRIMARIOS MAYORES: LECCIÓN 7

Ranas leales

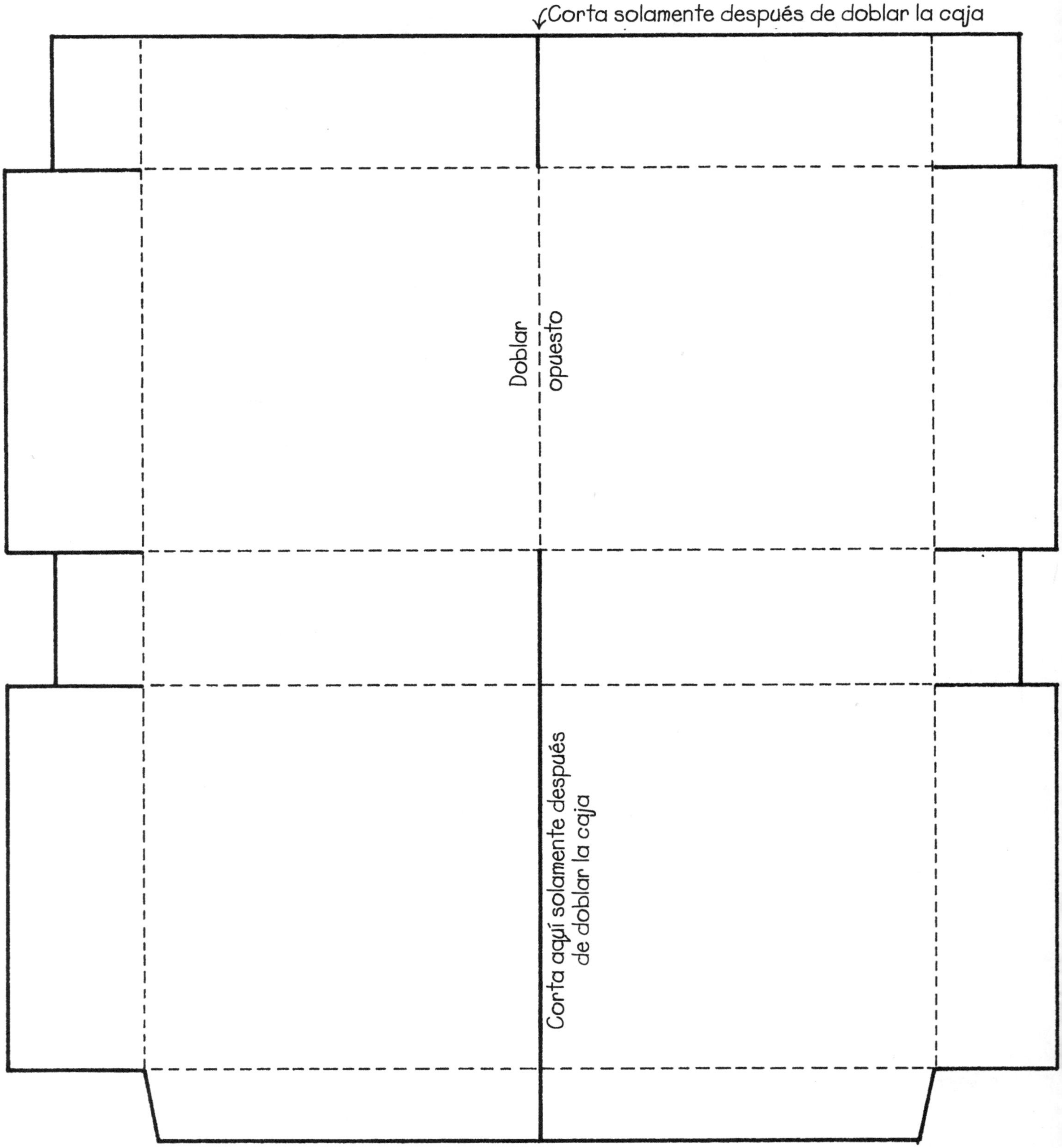

Corta solamente después de doblar la caja

Doblar opuesto

Corta aquí solamente después de doblar la caja

Reproducible 7D

ZONA BÍBLICA

Permiso de fotocopiado otorgado para uso de la iglesia local. © 2007 Abingdon Press.

Cántico de ZONA ♪

Ve ahora en paz

Ve ahora en paz,
ve ahora en paz,
que el amor de Dios
te cubra
hoy y siempre.
Te cubra Dios.

Ve ahora en paz,
ve ahora en paz,
que el amor de Dios
te cubra
hoy y siempre.
Te cubra Dios.

LETRA: Natalie Sleeth; trad. por Carmen Saraí Pérez
MÚSICA: Natalie Sleeth
© 1976; trad. © 2007 Hinshaw Music, Inc. Usada con permiso; trad. © Hinshaw Music, Inc.

Dios nos fortalece y nos ayuda.

Comida y agua en el desierto

Entra a la

Versículo bíblico

Den gracias al Señor por su amor, ¡por lo que hace en favor de las personas!

Salmo 107:8 (adaptado)

Historia bíblica
Éxodo 13:17-22; 15:22–17:7

Muchas lecciones sobre la salida de los israelitas de Egipto se enfocan en el cruce del Mar Rojo, pero el cuidado que Dios le prestó a ellos en el desierto es más crítico. La vida en el desierto es dura y cruel, muchos viajeros no sobreviven. Había unos cuantos oasis con un manantial y un grupo de palmeras, pero para los israelitas, acostumbrados a la vida de ciudad, el calor y los ventarrones, capaces de hacer que la arena se filtrara por la tela de las carpas, debieron ser intolerables. Más Dios cuidó de ellos.

Cuando no encontraron agua, se dirigieron a Moisés y a Aarón. Ellos habían dejado sus casas; querían esta nueva vida, pero querían que fuera comparable con lo que habían tenido en el pasado y de preferencia mejor. Una vez que encontraron agua, estaba amarga, pero Dios proveyó el medio para tornarla dulce.

Cuando a la gente se le acabó la comida, se quejaron y culparon a Moisés, pero aprendieron nuevamente sobre su dependencia de Dios. El maná (literalmente "¿Qué es esto?") fue sustento físico y una prueba a la obediencia de Israel. Aunque les fue dicho cuánto recoger cada día, algunos no confiaron en Dios ni siguieron sus indicaciones. Ellos habían vivido tanto tiempo en Egipto, entre gente que adoraba a otros dioses, que habían perdido la confianza que sus antepasados habían tenido en Dios. Ante ellos estaba la columna de nube durante el día, y de fuego durante la noche, testimonio de la presencia de Dios; y en medio de ellos estaba Moisés asegurándoles que saciarían su hambre, a pesar de su falta de confianza. La gracia y la bondad de Dios estaban presentes incluso cuando dudaban de la realidad de tal gracia.

Algunas personas creen que el maná era una sustancia producida por los árboles del área, otros creen que se trataba de insectos que se alimentaban de cierto árbol en el desierto. Pero para la gente de aquella época, este maná, fuese lo que fuese, sació su hambre. Ellos clamaron, y Dios proveyó.

Nosotros, ¿podemos ser tan incrédulos? Quizá no entendamos lo que es una "provisión", pero podemos reconocer que Dios nos provee de una manera o de otra. A veces éstas llegan a través de otra persona. A veces somos nosotros los canales a través de los cuales Dios se manifiesta.

Dios nos da las cosas que necesitamos.

Vistazo a la

ZONA	TIEMPO	MATERIALES	ACCESORIOS DE ZONA®
Acércate a la zona			
Entra a la Zona	5 minutos	página 170	ninguno
Mesa de celebración	5 minutes	mesa pequeña, mantel blanco, retazos de telas de colores, vela, Biblia, canasta de artículos de comida	ninguno
Galletas de mensaje	10 minutos	ingredientes para receta, recipiente, cuchara, bandeja para hornear, espátula, papeletas	ninguno
Zona Bíblica®			
En el desierto	5 minutos	Ninguno	rana afelpada
Disfruta la historia	10 minutos	Reproducible 8A	rana afelpada
Versículo comestible	10 minutos	Reproducible 8B, Biblias, lápices	ninguno
Jarras de oración	10 minutos	periódico, frascos de vidrio o plástico, hilo de tejer o cordel, tijeras, pegamento blanco, pinceles, papel, lápices	ninguno
Mantas resbaladizas	5 minutos	mantas, jarra de agua con tapa, cinta adhesiva para paquetes	ninguno
Zona de Vida			
Bingo "Dios cuida"	10 minutos	Reproducibles 8C y 8D, lápices, tijeras	sombrero de rana, rana afelpada
Sonidos del desierto	5 minutos	tocadiscos de discos compactos	disco compacto
Alabanza y oración	5 minutos	Reproducibles 1E y 8E, tocadiscos de discos compactos, mesa de celebración, canasta de artículos de comida	disco compacto, rana afelpada de neón

Los Accesorios de Zona® se encuentran en el Paquete de **DIVERinspiración®**.

PRIMARIOS MAYORES: LECCIÓN 8

Acércate a la

Escoja una o más actividades para capturar el interés de sus estudiantes.

Materiales:
página 170

Accesorios de Zona®:
ninguno

Materiales:
mesa pequeña
mantel blanco
retazos de telas de colores
vela
Biblia
canasta de alimentos

Accesorios de Zona®:
ninguno

Materiales:
ingredientes para receta
recipiente
cuchara
bandeja para hornear
espátula
papeletas

Accesorios de Zona®:
ninguno

Entra a la Zona

Salude a cada estudiante con una alegre sonrisa.

Si sus estudiantes no se conocen, entrégueles las etiquetas con su nombre (página 170).

Mesa de celebración

Pídale a uno de los niños o las niñas que hayan llegado temprano que le ayude a preparar la mesa de celebración. Acomode la mesa con el color apropiado, la vela y la Biblia, de acuerdo con las instrucciones de la página 12.

Para esta sesión ponga una canasta de alimentos junto a la vela.

Galletas de mensajes

Los israelitas tenían maná como comida, y lo cocinaban de varias maneras. Se ha especulado que el maná era una especie de hojuela. Esta receta de galletitas chinas de la fortuna, muy básica, quizá tenga un sabor similar.

Diga: En nuestra historia de hoy aprenderemos cómo Dios alimentó a los israelitas en el desierto. Esta receta de galletas puede recordarnos el tipo de comida con que Dios les proveyó, algo llamado maná, que en hebreo significa "¿Qué es esto?"

2 huevos
½ taza de harina de trigo
½ cucharadita de extracto de almendra
½ taza de polvo de azúcar
½ cucharadita de sal
½ taza de mantequilla, derretida

Bata los huevos y añadan el azúcar. Mezcle los ingredientes restantes. Con una cuchara chiquita, ponga pequeñas porciones en una lámina para hornear engrasada y espárzalas hasta conseguir 2 ½ pulgadas de diámetro. Hornea a 300 grados por 10 o 12 minutos. Remueva las galletas con una espátula. Para convertirlas en galletas de la fortuna, remueva una galleta a la vez, manteniendo el resto calentito en el horno. Trabaje rápido antes de que la galleta se endurezca. Doble la galleta en un utensilio limpio de la medida de un lápiz (o un lápiz limpio). Deslice el utensilio/lápiz hacia fuera y rápidamente coloque dentro de la galleta una papeleta en la que hayas escrito antes el versículo bíblico, dejando un extremo por fuera. Doble la galleta por la mitad otra vez y póngala en una taza de vidrio hasta que se enfríe.

Escoja una o más actividades para sumergir a sus estudiantes en la historia bíblica.

En el desierto

Pídales a sus estudiantes que cierren los ojos y que se imaginen solos en un desierto. Habla lentamente, haciendo pausas frecuentemente para que puedan visualizar lo que va diciendo.

Diga: Imagina que te encuentras solo en desierto. Tan lejos como puedes divisar, no hay nadie más, no hay edificios y no hay árboles. La temperatura fluctúa cerca de los 100 grados, el sol está en lo alto sobre tu cabeza y no hay nada que te dé sombra. La arena bajo tus pies está caliente, ardiendo bajo tus suelas hechas con alguna fibra. Mientras caminas, sientes un viento arenoso a tu espalda. Cuando te vuelves, tu boca se llena con el polvillo de la arena, y te pones un pañuelo sobre la boca para mantener fuera la arena. Te alegras de tener ropa holgada de manera que el aire circule alrededor de tu cuerpo, pero también te alegras de tener ropa que te cubra bien para protegerte del sol abrasador. ¿Dónde vas a pasar la noche? ¿Encontrarás agua pronto? Ya casi se te acaban las provisiones. ¿Dónde vas a encontrar comida? *(Pausa más larga.)* **Ahora, lentamente, regresa al día de hoy, aquí en el salón. Puedes abrir los ojos cuando quieras.**

Pida que discutan lo que sintieron, uno por uno con Faraona la rana, la **rana afelpada**. ¿Estaban solos? ¿Asustados? ¿Aquello parecía sin esperanza? Relaciona estas sensaciones y esta imagen de desolación con la situación del pueblo de Israel en el desierto.

Materiales:
ninguno

Accesorios de Zona®:
rana afelpada

Disfruta la historia

Reparta los **Reproducibles 8A**. Diga a sus estudiantes que la historia de hoy será narrada por el mismo chico hebreo que la contó la semana pasada. Lea la historia usted misma/o o pida voluntarios para leerla por secciones. Use a Faraona la rana para discutir cómo la experiencia de los hebreos pudo haber sido parecida o distinta de su experiencia imaginaria en el desierto.

Pregunte: ¿Cómo ayudó Dios a los hebreos a conseguir las cosas que necesitaban? ¿Cómo nos ayuda Dios en la actualidad con nuestras necesidades?

Materiales:
Reproducible 8A

Accesorios de Zona®:
rana afelpada

Versículo comestible

Reparta los **Reproducibles 8B**, Biblias y lápices. Pídales a sus estudiantes que busquen el Salmo 107:8 y que lean para sí mismos el versículo. Luego cerciórese de que entiendan las indicaciones de la hoja.

Materiales:
Reproducible 8B
Biblias
lápices

Accesorios de Zona®:
ninguno

PRIMARIOS MAYORES: LECCIÓN 8

Historia de la Zona Bíblica

Sigue la historia de Coré

Ahora debo contarles acerca del desierto. Esta historia nuevamente nos dice cómo debemos depositar en Dios todas nuestras inquietudes. Pero debo admitir que mi pueblo no lo hacía muy seguido. Ellos no se daban cuenta de que Dios les daría las cosas que necesitaban. Ustedes recordarán que eran esclavos en Egipto, y que Dios mandó a Moisés para ayudarles a escapar del faraón. Una vez que estaban en el desierto, ellos empezaron a lidiar con nuevos tipos de dificultad. Algunos pensaban que la vida había sido mejor en Egipto.

El desierto era seco, y el agua era muy difícil de encontrar. La primera fuente de agua que encontraron fue en un lugar llamado Mará, que significa amargura porque el agua sabía amarga. La gente se quejó a Moisés, así que Moisés se quejó a Dios. Dios le mostró a Moisés un arbusto y le dijo que lo lanzara dentro del agua, y milagrosamente ¡se le quitó lo amargo! Por fin llegaron a un lugar donde había doce manantiales y setenta palmeras. Ellos acamparon allí por un tiempo y luego se dirigieron hacia el monte Horeb.

Dos meses y medio después de haber dejado Egipto, la comida empezó a escasear. ¿Y qué hizo la gente? ¡Quejarse! Ambos, Moisés y Aarón, recibieron la queja esta vez. "Deseamos que el Señor nos hubiera matado en Egipto. Cuando vivíamos allá, al menos podíamos sentarnos y comer todo el pan y la carne que queríamos. Pero ustedes nos han traído a este desierto, donde vamos a morirnos de hambre." Ellos habían olvidado los latigazos de los capataces egipcios. Ellos habían olvidado las pesadas labores que les rompían la espalda. Ellos habían olvidado que no eran libres para adorar al Dios de Abraham y Sara, de Isaac y Rebeca y de Jacob. Ya no les importaba nada de eso. Lo único que ellos sabían era que tenían hambre.

Moisés sabía que Dios no iba a abandonarles. Efectivamente, cuando el rocío de la mañana se evaporó, la gente encontró en el suelo una sustancia blanca en forma de hojuelas que sabía como a miel de los cielos. La gente preguntó, "¿Qué es esto?", y pronto lo llamaron maná, que significa "¿Qué es esto?" Moisés les dijo que recogieran lo suficiente para la comida de un día para su familia, y no más. En el sexto día ellos podrían recoger una provisión doble para tener suficiente para el sábado consagrado al Señor, el día de descanso cuando el maná no caería.

Bueno, como se podrán imaginar, algunas personas fueron glotonas, o quizá simplemente no confiaron en que Dios enviaría maná fresco cada mañana. Pero cuando ellas guardaron maná en secreto, a la mañana siguiente ya tenía gusanos y apestaba. Entonces se dieron cuenta de que la palabra de Dios era verdad. Dios también le dio carne al pueblo cada día. Al atardecer, grandes bandadas de codornices volaban hacia el campamento, así la gente conseguía carne para su comida de la tarde.

Me gustaría relatar que todos ellos vivieron felices para siempre, pero no fue así. El agua seguía siendo un problema. Al principio discutieron con Moisés pues decían que él estaba escondiendo de ellos el agua. Después volvieron a quejarse. "Moisés, ¿nos sacaste de Egipto sólo para dejarnos morir de sed?" Moisés debió de cansarse de sus quejas, así que se quejó también con Dios. "¿Qué voy a hacer con esta gente? ¡Están a punto de matarme a pedradas!" Como siempre, Dios tenía la respuesta. Moisés tenía que ir delante del pueblo hacia un lugar llamado Horeb y golpear la roca con su vara. Al hacerlo, el agua fluyó de la roca y todos tuvieron para beber en abundancia.

Dios proveyó de comida a la gente mientras vagaban por el desierto en su camino hacia la tierra que Dios les había prometido. Ellos vagaron por cuarenta años, tiempo suficientemente largo para que casi todos los adultos que habían salido de Egipto murieran, pero sus hijos e hijas, quienes habían crecido en el desierto, continuaron adorando a Dios en su caminar a la tierra prometida.

Reproducible 8A
Permiso de fotocopiado otorgado para uso de la iglesia local. © 2007 Abingdon Press.

ZONA BÍBLICA

Versículo comestible

Los hebreos le pidieron a Dios que les proveyera de agua y comida. Usa los códigos de comida para llenar los espacios en blanco. El versículo bíblico nos dice que alabemos a Dios. Puedes leer el versículo en tu Biblia en Salmos 107:8. Asegúrate de responder también las preguntas.

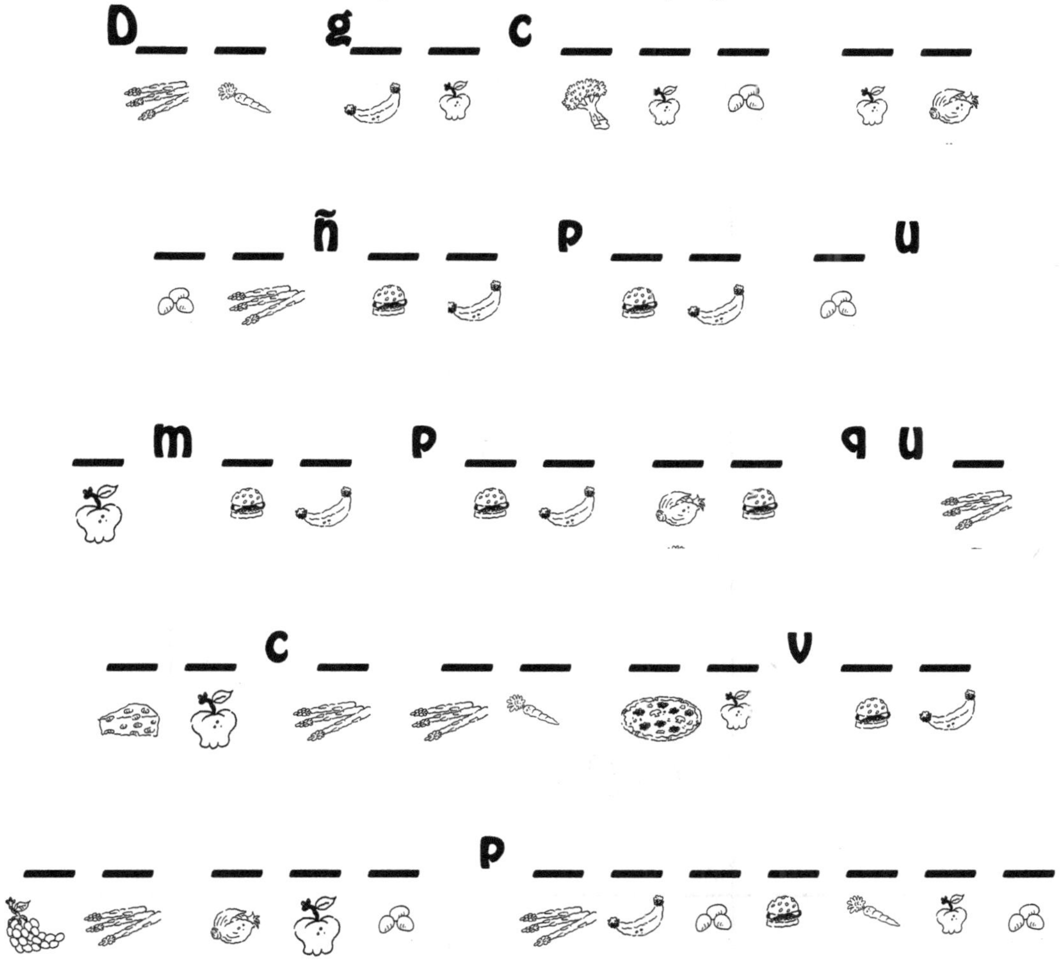

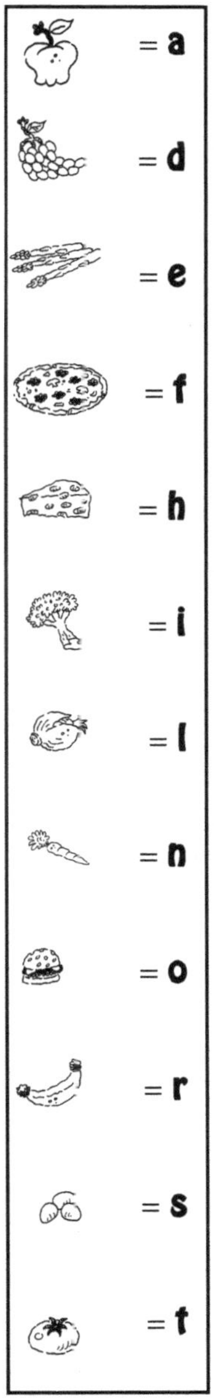

D e n g r a c i a s

a l S e ñ o r p o r s u

a m o r i n q u e b r a n

t a b l e y p o r

s u s o b r a s m a r a v i l l o s a s

Salmo 107:8 (adaptado)

¿Cómo has visto el amor de Dios esta semana?

_____

¿Cómo puedes alabar a Dios hoy? (¿Qué le puedes pedir a Dios el día de hoy?)

_____

¿En qué momento, durante el día, puedes disponer de 10 minutos para orar y alabar a Dios?

_____

Tablero de bingo "Dios cuida"

Cuando tu maestra/o diga una palabra, escríbela en cinco espacios diferentes de tu tablero de juego. Tu maestra/o esperará a que termines para decir la siguiente palabra. Habrá cinco palabras. Escoge una palabra que sólo escribirás en cuatro espacios, pues hay un espacio rotulado como "Dios".

		Dios		

Reproducible 8C

Permiso de fotocopiado otorgado para uso de la iglesia local. © 2007 Abingdon Press.

Zona Bíblica

Escoja una o más actividades para sumergir a sus estudiantes en la historia bíblica.

Jarras de oración

Diga: Luego de ser liberados, los israelitas dejaron Egipto con el ánimo en alto. Pero pronto comprendieron todo lo que se requería para sobrevivir la vida en el desierto. Ahora tendrían que aprender de nuevo cómo mover manadas de animales y hordas de gente de lugar a lugar, y cómo alimentales. Por haber sido esclavos por muchos años, ellos entendían lo que era la obediencia pero no el liderazgo, y tendrían que aprender a cómo gobernarse. Ellos solían clamar a Dios, preguntando por qué se encontraban en el desierto. Cuando nosotros oramos, podemos simplemente hablarle a Dios acerca de lo que tenemos en el corazón, incluso si tenemos que gritar ante Dios. No tenemos que usar un lenguaje especial ni tratar de agradar a Dios, sino simplemente "hablar" con Dios sobre cualquier cosa que queramos. Vamos a hacer jarras de oración para llevar a casa y usarlas cuando oremos. A cualquier hora del día coloquen notas con sus oraciones dentro de la jarra, o utilicen pequeños objetos que les recuerden a algunas personas o asuntos en particular. Cuando oren, saquen las notas u objetos y úsenlos para guiar sus oraciones.

Proteja las mesas con papel periódico. Entregue una jarra a cada estudiante, hilo de tejer o soga de diferentes colores, pegamento blanco y pinceles pequeños. Sus estudiantes pondrán pegamento sobre pequeñas áreas de las jarras y presionarán el hilo o la soga en la superficie para decorarlas. Pueden crear algunos diseños con el hilo o envolver la jarra cubriendo toda la superficie. Cuando las jarras estén terminadas, muéstreles cómo enrollar una papeleta en un lápiz para formar un rizo para que sea más fácil introducir en las jarras los motivos de oración. Sugiérales que escriban un motivo de oración ahora y que pongan más en su casa.

Materiales:
periódico
frascos de vidrio o plástico
hilo o soga ce colores
tijeras
pegamento blanco
pinceles
papel
lápices

Accesorios de Zona®:
ninguno

Mantas resbaladizas

Prepare una ruta de obstáculos utilizando cinco o seis sillas. Asegúrese de que haya espacio suficiente en el salón para que se muevan tres estudiantes, dos halando una manta y el tercero montado en ella. Marque una línea de salida con cinta adhesiva para paquetes.

Divida a la clase en grupos de tres; si tienes un grupo grande, incremente el número de integrantes, o prepare dos rutas de obstáculos para dos equipos. Muéstrele a la clase la jarra de agua y la manta.

Diga: Los hebreos tenían muy poquita agua en el desierto, sin ella morirán. Su equipo tiene que proteger su jarra de agua. Una persona se sentará en la manta, protegiendo la jarra mientras los otros miembros del equipo lo halan a través de la ruta de obstáculos. Les voy a tomar el tiempo y voy a ver quiénes lo hacen más rápido. Si la tapa protectora de la jarra se cae, tendrán que empezar desde el principio.

Materiales:
mantas
jarra de agua o leche con tapa hermética (o una botella de agua con tapa sellada)
cinta adhesiva para paquetes

Accesorios de Zona®:
ninguno

PRIMARIOS MAYORES: LECCIÓN 8

Zona de Vida

Escoja una o más actividades para que la Biblia cobre significado en la vida diaria.

Materiales:
Reproducibles 8C y 8D
lápices
tijeras

Accesorios de Zona®:
sombrero de rana
rana afelpada

Bingo "Dios cuida"

Fotocopie el **Reproducible 8D** una copia para cada estudiante, más dos juegos adicionales de palabras. Ponga los juegos adicionales en el sombrero de rana. Entregue las copias del **Reproducible 8C** y un lápiz.

Diga: Voy a decir cinco palabras. Escriban cada palabra cinco veces en cinco diferentes cuadros en varios lugares de su tarjeta. Una de las palabras la van a escribir sólo cuatro veces, pues hay un espacio rotulado con la palabra "Dios". (*Mencione las siguientes palabras: Moisés, Aarón, maná, agua y carne. Use a Faraona la rana para responder a las preguntas.*)

Entregue a cada estudiante una copia del **Reproducible 8D** y tijeras para recortar las papeletas. Juegue bingo sacando del sombrero una papeleta de palabra. Sus estudiantes pondrán las papeletas con las palabras que concuerden sobre las palabras que hayan escrito antes en su tarjeta, conforme las vayas mencionando. Recuérdeles que para ganar, deberán tener todas las palabras en una hilera, ya sea vertical, horizontal o diagonalmente.

Materiales:
tocadiscos de discos compactos

Accesorios de Zona®:
disco compacto

Sonidos del desierto

Toque "Sonidos del desierto" **(disco compacto, pista 29)** una vez. **Diga: Hay sonidos que quizá fueron escuchados por los israelitas en el desierto. ¿Pueden identificar cada sonido?** (*Viento, pies y arena, voces, agua, la voz de un niño, aleteos de ave, fogata, maná cayendo, pezuñas de animal, llanto de bebé.*)

Materiales:
Reproducibles 1E y 8E
tocadiscos de discos compactos
mesa de celebración
canasta de comestibles

Accesorios de Zona®:
rana afelpada
disco compacto

Alabanza y oración

Usando el cántico "He aquí, yo estoy contigo" **(Reproducible 1E; disco compacto, pista 4),** invite a la clase a la mesa de celebración. Encienda la vela y señale el color de la temporada y los comestibles.

Haga que Faraona la rana pregunte: ¿En qué se diferencian los comestibles en la mesa de la comida que los israelitas tenían? ¿Qué más fácil sería hoy en día cruzar el desierto? ¿Qué dificultades, además de la escasez de agua y comida, habrán tenido los hebreos? ¿Cómo les ayudó?

Reparta "Todo viene de Dios" **(Reproducible 8E; disco compacto pista 19).** Hagan un rap dando palmadas cuando se indique en la música. Sus estudiantes pueden indicar cosas por las que estén agradecidos substituyendo la palabra *dádivas* con otras palabras cortas (paz, amor, bondad). Pídales que durante la oración mencionen una cosa por la que están agradecidos.

Ore así: Señor, sabemos que tú provees lo que necesitamos. Gracias por..." (*Después de que cada estudiante hable, la clase entera dirá: "Por estas cosas te damos gracias, Señor".*)

Haga una copia de Zona Casera® para cada estudiante

 # Casera para estudiantes

EMPAREDADO DE AGUA

El agua era importante para el pueblo en el desierto. Para ver qué pasa cuando pones aceite en el agua, vierte dos pulgadas de agua en el fondo de un vaso alto. Revuélvele unas cuantas gotas de colorante vegetal para que al agua sea más fácil de identificar.

Vierte cerca de una pulgada de aceite de cocina. Ten cuidado de verterlo por un lado del vaso para que el aceite se quede arriba del agua.

Enseguida mezcla un color diferente de pintura vegetal en ½ taza de alcohol y vierte esta mezcla en el vaso muy despacio, con cuidado de no salpicar bajo el aceite. Ahora tienes un "sándwich" de agua, aceite y alcohol.

Zona para pensar

¿Cuáles son las necesidades en mi vida? ¿Qué poseo que sea lindo tener, pero no es realmente necesario?

Sopa de piedra

Tal vez, los israelitas, con el fin de variar sus comidas mientras viajaban por el desierto, hayan probado sopa de piedra. ¡Ciertamente había gran variedad de piedras en el desierto! Invita a tus amistades a que traigan vegetales y se unan a ti para disfrutar un poco de la sopa de piedra. Ten algunos ingredientes a la mano para añadirle tú mismo.

1. Restriega una piedra suave del tamaño de la mano hasta que esté muy limpia.
2. Pon la piedra en una olla grande llena de agua y añade sal, pimienta y 2 o 3 cubitos de caldo. Pon a calentar hasta que hierva.
3. Conforme lleguen tus invitados, añade sus ingredientes a la sopa (pueden ser zanahorias, papas, cebollas, tomates, arroz, pasta…).
4. Cuece a fuego medio cerca de una hora.

Disfruten la sopa con galletas crujientes o panecillos. Da gracias a Dios por los amigos y las amigas; y por todas las cosas buenas que trajeron para compartir en la sopa.

Versículo para memorizar

Den gracias al Señor por su amor, ¡por lo que hace en favor de las personas!
Salmo 107:8 (adaptado)

Dios nos da las cosas que necesitamos.

Piezas de bingo "Dios cuida"

Recorta las veinticinco bingo-papeletas de juego que están aquí abajo. Cuando la maestra/o mencione una palabra que tú hayas escrito en tu tablero, cubre el cuadro con la papeleta de juego correspondiente.

Moisés	Aarón	maná	agua	carne
Moisés	Aarón	maná	agua	carne
Moisés	Aarón	maná	agua	carne
Moisés	Aarón	maná	agua	carne
Moisés	Aarón	maná	agua	carne

Reproducible 8D

Permiso de fotocopiado otorgado para uso de la iglesia local. © 2007 Abingdon Press.

Zona Bíblica

Cántico de

Todo viene de Dios

¡Aplaudid! (*palmadas*)
¡Todo el pueblo! (*palmadas*)
Dios suple toda necesidad. (*palmadas*)

¡Aplaudid! (*palmadas*)
y dad gracias (*palmadas*)
por toda dávida* que Dios nos da. (*palmadas*)

* Substituya la palabra *dádiva* por *la paz, el amor, la bondad, el gozo*

LETRA: Timothy Edmonds; trad. Maria Luisa Santillán de Baert
MÚSICA: Timothy Edmonds
© 1990 Graded Press; trad. © 1991 Graded Press, admin. por The Copyright Co., Nashville, TN 37212

Puede hacer un rap del cántico dando palmadas cuando se indique en la música. Sus estudiantes también pueden mencionar cosas por las que están agradecidos (tales como el amor, la paz, la comida, el gozo, los amigos) en el lugar donde se menciona la palabra dádiva.

Dios nos da las cosas que necesitamos.

PRIMARIOS MAYORES: LECCIÓN 8 — **Reproducible 8E**
Permiso de fotocopiado otorgado para uso de la iglesia local. © 2007 Abingdon Press.

Los Diez Mandamientos

Entra a la ZONA

Versículo bíblico
Si ustedes me obedecen en todo y cumplen mi alianza, serán mi pueblo preferido.

Éxodo 19:5

Historia bíblica
Éxodo 19:1–20:17

Éxodo 19 comienza con Moisés llevando el mensaje de Dios al pueblo de Israel, en el que les recordaba como les había sacado de Egipto y les había traído hasta su presencia como si vinieran en las alas de un águila. Israel salió de Egipto por el poder de Dios, no por el suyo propio. En este gran éxodo, a veces referido como el cumpleaños de este pueblo, ellos descubren quiénes y de quién son. Por medio de esta experiencia aprenderán las responsabilidades que conlleva el privilegio de ser escogidos por Dios. Hasta este momento, no se les había requerido nada. Dios establece un pacto con Israel y ahora todos en el pueblo van a aprender sobre la parte del pacto que les correspondía observar, las leyes que les permitirían responder al Dios que por amor les había liberado.

Los Diez Mandamientos o el Decálogo ("diez palabras") aparece dos veces en la Biblia casi de la misma forma, aquí y en Deuteronomio 5:1-21. De acuerdo con la tradición judía, Éxodo 20:2 es la primera de estas diez palabras o mandamientos, y 20:3-6 es la segunda.

Dios comienza, "Yo soy el Señor tu Dios, que te sacó de Egipto, donde eras esclavo". Habiendo establecido el hecho de que el pueblo de Israel le debía su identidad y supervivencia a Dios, en buena lid la otra parte del convenio podía establecer cualquier cosa. Dios llamaba colectivamente al pueblo de Israel a ser responsables los unos por los otros, no tan sólo individualmente.

Jesús dijo que la primera palabra o mandamiento es el más importante. "No tengas otros dioses aparte de mí." Los hebreos acababan de pasar generaciones enteras en un país extranjero donde cada elemento de la naturaleza era adorado como un dios diferente. Ahora tenían encuentros con gente que adoraban ídolos: representaciones físicas que creían con poderes divinos. ¿Qué ídolos u "otros dioses" adora nuestra sociedad? ¿Cuáles cosas materiales, que usted personalmente debe combatir para resistir, tienen prioridad sobre Dios en tu vida?

Dios nos da reglas para ayudarnos a convivir.

Vistazo a la

ZONA	TIEMPO	MATERIALES	ACCESORIOS DE ZONA®
Acércate a la zona			
Entra a la Zona	5 minutos	página 170	ninguno
Mesa de celebración	5 minutos	mesa pequeña, mantel blanco, retazos de telas, vela, Biblia, libro de normas o reglamento	ninguno
Fogata simulada	5 minutos	ver página 108	ninguno
Zona Bíblica®			
En las alas de un águila	5 minutos	Reproducible 9D, lápices	ninguno
Disfruta la historia	10 minutos	Reproducibles 9A-B, transparencia 2, tocadiscos de discos compactos, cortina de baño de color claro o sábana blanca	rana afelpada
Los mandamientos	5 minutos	Reproducible 9C, lápices	rana afelpada
El kiosco de los mandamientos	10 minutos	ver página 113	ninguno
Hacia el desierto	10 minutos	transparencia 1, proyector de transparencias	banderita de carreras
Zona de Vida			
Cróquet de leyes	15 minutos	papel, marcador, cinta adhesiva	pelotas playeras
Alabanza y oración	10 minutos	Reproducibles 1E, 9D-E; tocadiscos de discos compactos, mesa de celebración, libro de normas o reglamento	disco compacto, rana afelpada

◉ Los Accesorios de Zona® se encuentran en el Paquete de **DIVERinspiración®**.

PRIMARIOS MAYORES: LECCIÓN 9

Acércate a la

Escoja una o más actividades para capturar el interés de sus estudiantes.

Materiales:
página 170

Accesorios de Zona®:
ninguno

Entra a la Zona

Reciba a cada estudiante con una alegre sonrisa.

Diga: ¡Bienvenidos a la Zona Bíblica! Estoy feliz de que estén aquí. Éste es un lugar divertido donde llegaremos a conocer la Biblia.

Si sus estudiantes no se conocen entre sí, entrégueles sus tarjetas de identificación con sus nombres (página 170).

Materiales:
mesa pequeña
mantel blanco
retazos de telas
vela
Biblia
reglamento o libro de normas

Accesorios de Zona®:
ninguno

Mesa de celebración

Pídale a un niño o a una niña que haya llegado temprano que le ayude a preparar la mesa de celebración. Prepare la mesa con el color apropiado, la vela y la Biblia, de acuerdo con las instrucciones de la página 12.

Para esta sesión coloque un reglamento o libro de normas (por ejemplo, El Libro de la Disciplina de la iglesia) junto a la vela.

Materiales:
varios maderos pequeños
papel celofán (o papel de construcción) rojo y amarillo
linterna de pila (batería)
ramitas

Accesorios de Zona®:
ninguno

Fogata simulada

Pídales a sus estudiantes que lleguen temprano para que le ayuden a preparar una fogata simulada junto a la pared donde vas a proyectar la **transparencia 2**. Para hacer esto, entrecruce varios pedazos de madera y acomode algunos pedazos de papel celofán rojo y amarillo entre los maderos. Puede esconder una pequeña linterna de pilas bajo el papel celofán para prenderla durante la historia y que brille a través del papel.

Si no cuenta con papel celofán, recorte "llamas" de papel de construcción y póngalas entre los maderos. Puede poner también unas cuantas ramitas esparcidas alrededor, durante la historia.

Guarde los materiales de esta "fogata" para las siguientes dos sesiones.

Escoja una o más actividades para sumergir a sus estudiantes en la historia bíblica.

En las alas de un águila

Reparta las copias del **Reproducible 9D** y lápices. Diga a sus estudiantes que lean las indicaciones en las dos últimas líneas de la hoja y que encuentren las palabras escondidas entre las plumas del águila.

Las siguientes quince palabras están escondidas en las plumas: *alabes, Dios, ídolo, mal uso, nombre, sábado consagrado, trates, padres, matas, infiel, matrimonio, robes, mentiras, desees, pertenezca.*

Materiales:
Reproducible 9D
lápices

Accesorios de Zona®:
ninguno

Disfruta la historia

Distribuya copias de los **Reproducibles 9A-B** y asigne las partes. Proyecte la **transparencia 2** en la pared o por la parte de atrás de una sábana blanca o cortina de baño de color claro (esto permite que la acción tome lugar en la parte de enfrente y que la escena sea vista detrás). Sugiera que las personas con partes asignadas se sienten en la base de la montaña, alrededor de la fogata simulada que ya preparada.

Pregunta: ¿Cuáles mandamientos son los más difíciles? ¿Un niño debería respetar a sus padres si abusan de él? ¿Por qué sí o por qué no? *(Haga hincapié en que las referencias a honrar a nuestro padre y a nuestra madre son en realidad un mandamiento de respeto para con los ancianos de la tribu, lo cual también significa honrar la propia tradición, pues los ancianos apoyan esa tradición.)* **¿Cuáles mandamientos tienen que ver con la forma en que tratamos a Dios? ¿Cuáles tienen que ver con la forma en que tratamos a las demás personas?** *(Use a Faraona la rana, la rana afelpada, con cualquier estudiante que tenga un comentario.)*

Materiales:
Reproducibles 9A-B
transparencia 2
tocadiscos de discos compactos
cortina de baño de color claro o sábana blanca

Accesorios de Zona®:
rana afelpada

Los mandamientos

Reparta copias del **Reproducible 9C** y lápices. Revise las instrucciones con sus estudiantes.

Haga que Faraona la rana pregunte: ¿Tuvieron problemas para transformar los mandamientos? En términos de redacción, ¿qué tan diferente quedaron sus mandamientos? ¿Qué tan parecido? *(Pídales que lean algunos diferentes.)* **¿Los mandamientos son más fáciles de entender cuando se escriben en forma positiva?**

Materiales:
Reproducible 9C
Lápices

Accesorios de Zona®:
rana afelpada

PRIMARIOS MAYORES: LECCIÓN 9

Historia de la  Bíblica

La ley de Dios

Narrador: La escena está lista. Ustedes pueden ver el monte Sinaí [Horeb] al fondo. Es una imponente montaña cuya cima alcanza las nubes. Ahora nos enfocamos en una familia hebrea, una de tantas que acampan al pie de la montaña. Los padres, Bezalel y Ana, tienen dos hijos, Rubén y Rut.

Rubén: Me estoy cansando de este vagabundear por el desierto. Hemos estado viajando durante dos meses. ¿Algún día llegaremos a la tierra prometida de la que Moisés nos habló?

Ana: Ven aquí, hijo, ayúdame a poner esta codorniz en el fuego. Para responder a tu pregunta, estoy segura de que llegaremos, pero quizá aún tengamos un largo viaje delante de nosotros.

Bezalel: Tú no eres el único que está cansado, Rubén. He notado cuán intranquila se está poniendo la gente. Justamente hoy Benjamín, quien suele ser muy paciente, le gritó a su esposa. Al parecer no somos capaces de vivir muy bien estando juntos.

Rut: ¿Notaste los ídolos que tenía la gente del último poblado por el que pasamos? Hablé con una muchacha la noche que acampamos allí, y ella dijo que tenían ídolos para casi cualquier cosa. A lo mejor tienen un ídolo que ayudaría a la gente a llevarse mejor.

Bezalel: Rut, recuerda que somos el pueblo de Israel y alabamos al único Dios verdadero.

Rut: Pero si el ídolo nos ayuda a llevarnos mejor, ¿Cuál sería el problema?

Ana: ¿Recuerdas cómo era la vida en Egipto cuando éramos esclavos?

Rut: Sí, recuerdo qué duro tenía que trabajar mi padre. Me alegro de que tus llagas por los latigazos se hayan curado.

Ana: ¿Y qué ha hecho Dios por nosotros?

Rubén: Dios nos sacó de Egipto. Escapamos del ejército del faraón. Dios también nos ha dado agua y comida durante la travesía. A veces creo que estoy cansado de las codornices y del maná, pero tú haces un buen trabajo cocinándolos de diferentes formas, madre.

Bezalel: Hoy escuché que Moisés salió del campamento y escaló la montaña para estar a solas con Dios. Estoy seguro de que él traerá de vuelta algún mensaje de Dios.

Narrador: Ahora vemos a Moisés al pie de la montaña, hablándole a la gente.

Moisés: He hablado con Dios en la montaña, y esto es lo que Dios me ha dicho: Ustedes vieron lo que hice en Egipto, y saben cómo les traje hasta donde yo estoy, como si vinieran en las alas de un águila poderosa. Ahora, si ustedes me obedecen fielmente, serán mi pueblo preferido. El mundo entero es mío, pero ustedes serán mi nación consagrada y me servirán como sacerdotes.

Gente: Haremos como Dios manda. Queremos ser el pueblo de Dios.

Narrador: Por segunda vez, Moisés subió al monte y regresó con un mensaje de Dios.

Moisés: Hoy y mañana todos deben estar listos para esperar a Dios. Laven su ropa y prepárense. Dios vendrá de manera que todos ustedes puedan adorarle. Recuerden, sin embargo, que no deben tocar la montaña, o morirán.

Narrador: Tres días después, escuchamos a la familia nuevamente.

Rut: No puedo creer que en realidad Dios nos haya hablado. Tenía muchísimo miedo cuando vinieron los truenos y relámpagos.

Rubén: ¡Y todo ese humo! Vino de lo alto de la montaña y llenó el valle entero. Luego sonó la trompeta ¡y me puso a temblar! ¡Parecía como si la montaña entera se estuviera sacudiendo!

Bezalel: Dios tenía algunas cosas importantes que decirnos. ¿Recuerdan cuáles eran?

Ana: Primero, Dios nos recordó por lo que habíamos pasado. Dios nos liberó de la esclavitud. Ahora nosotros tenemos un nuevo convenio, una nueva relación con Dios. Dios será nuestro Dios, y nosotros seguiremos las reglas que recibimos. ¿Recuerdan las reglas?
Rut: Las primeras tienen que ver con la forma en que tratamos a Dios:
Que no adoremos a ningún otro dios.
Que no hagamos falsos ídolos.
Que no hagamos mal uso del nombre de Dios.
Que recordemos el día de reposo; le pertenece a Dios.

Rubén: Las otras reglas nos ayudarán a llevarnos mejor unos con otros.
Respeta a tu madre y a tu padre.
No mates a nadie.
Sé fiel en el matrimonio.
No robes.
No digas mentiras que lastimen a otros.
No desees nada que le pertenezca a otra persona.

Bezalel: Se acuerdan muy bien. Siempre deben mantener estas leyes en su mente, no importa lo que hagan. Si seguimos estas reglas, la gente reconocerá que somos el pueblo de Dios.

Narrador: Así fue como Dios nos dio reglas para vivir. Más tarde Moisés regresó a la montaña, y las leyes fueron escritas en tablas de piedra.

Los mandamientos al revés y al derecho

A veces es fácil seguir instrucciones cuando están escritas en forma positiva en vez de negativa. Re-escribe abajo los diez mandamientos poniéndolos en forma positiva. El primero está hecho para que lo uses de ejemplo.

No tengas a otros dioses aparte de mí. Adórame sólo a mí, pues yo soy el Dios verdadero.

No te hagas ningún ídolo. _____

No hagas mal uso del nombre del Señor tu Dios _____

No hagas ningún trabajo el sábado consagrado al Señor _____

No trates mal a tus padres. _____

No mates _____

No seas infiel en el matrimonio. _____

No robes. _____

No digas mentiras en perjuicio de tu prójimo. _____

No desees nada que pertenezca a otra persona. _____

Reproducible 9C

Escoja una o más actividades para sumergir a sus estudiantes en la historia bíblica.

El kiosco de los mandamientos

Kiosco es una palabra que proviene de Turquía y se refiere a una estructura con los lados abiertos y hecho de materiales ligeros. A veces los vendedores de los centros comerciales exhiben sus productos en puestos acomodados libremente en vez de hacerlo en las tiendas. Éstos son los kioscos. Haremos un kiosco usando tres cajas de formas diferentes. Cuando terminemos, vamos a poner el kiosco en un lugar del templo donde pueda recordarles a todos los diez mandamientos.

Haga el kiosco como sigue:

Use tres cajas en las que la diferencia en tamaño aumente gradualmente; y que tengan bases y tapas para que se puedan apilar. Forre las dos cajas más chicas con pliegos de papel blanco o con periódicos que no tengan encabezados o fotografías muy grandes. Va a tener 12 lados para trabajar. Haga un hueco en el centro de las tapas y las bases de las dos cajas más chicas y a través de la caja más grande. Abra la tapa de la caja más grande (donde hizo el hueco) y acomode un palo de escoba u otra pértiga en la caja, asegurándolo en el centro de la base con cinta adhesiva para paquetes o negra. El palo debe ser un pie más alto que las tres cajas juntas cuando estén apiladas. Cierre la caja más grande y fórrela con papel como lo hizo con las otras dos, trabajando alrededor del palo. Decore los lados con dibujos o recortes de revistas que ilustren los diez mandamientos. Los primeros dos mandamientos cubrirán dos lados cada uno, de la primera caja, y los otros ocho abarcarán, cada uno, un lado de la caja de en medio y de la de abajo. Rotule cada lado con el mandamiento escrito con las menos palabras posibles.

Pegue un gallardete o banderín con la frase *Los Diez Mandamientos* en la punta del palo de escoba.

Hacia el desierto

Proyecte la **transparencia 1** en la pared y localice Egipto en el mapa. Recuérdeles a sus estudiantes que allí los hebreos fueron esclavos. Dígales que no se sabe con seguridad la ruta que los israelitas siguieron en sus cuarenta años por el desierto, pero podemos reconocer algunos lugares donde se produjeron cierto acontecimientos. Pídale a un o una estudiante que use la **banderita de carreras** para localizar el monte Sinaí [Horeb], donde Dios les dio los Diez Mandamientos.

Materiales:
pegamento
tres cajas (ver instrucciones)
palo de escoba o pértiga
cinta adhesiva de paquete o negra
pliegos de papel blanco o periódicos
papel para dibujar
crayones o marcadores
revistas
tijeras

Accesorios de Zona®:
ninguno

Materiales:
transparencia 1
proyector de transparencias

Accesorios de Zona®:
banderita de carreras

PRIMARIOS MAYORES: LECCIÓN 9

 de Vida

Escoja una o más actividades para que la Biblia cobre significado en la vida diaria.

Materiales:
papel
marcador
cinta adhesiva

Accesorios de Zona®:
pelotas playeras

Cróquet de leyes

Despeje el piso. Entregue a diez estudiantes carteles con los mandamientos para que se los peguen en la espalda. Ponga números en los carteles que correspondan a los de los mandamientos. Pídales que se distribuyan por el salón en orden numérico, de pie con las piernas separadas de manera que formen un aro de cróquet. Un jugador bateará la **pelota de playa** a través del aro de piernas del Mandamiento 1. Después de que ese jugador haya pasado la pelota a través de un par de aros, el siguiente jugador puede empezar con la segunda pelota. Conforme un jugador termine, intercambiará lugares con uno de los que forman los aros, para que esa persona pueda jugar. *(Para un grupo chico, déles a algunos estudiantes dos carteles para que se los peguen en la espalda.)*

Materiales:
Reproducibles 1E, 9D y 9E
tocadiscos de discos compactos
mesa de celebración
libro de reglas o reglamento

Accesorios de Zona®:
rana afelpada
disco compacto

Alabanza y oración

Con el cántico "He aquí, yo estoy contigo" **(Reproducible 1E; disco compacto, pista 4)**, invite al grupo a la mesa de celebración para el momento de Alabanza y oración. Encienda la vela y mencione el color apropiado de temporada, así como el libro de normas o reglamento.

Haga que Faraona la rana pregunte: ¿Para qué se utiliza este libro/folleto? ¿Qué pasaría si nadie nos dijera cómo jugar el juego *(u operar el aparato)* y si no tuviéramos este libro/folleto? ¿Cómo nos ayuda el libro de normas/reglamento? ¿En qué se parece este el libro de normas/reglamento a los diez mandamientos de la Biblia?

Pida a sus estudiantes que escuchen "Los diez mandamientos, improvisación de percusiones" **(Reproducible 9E; disco compacto, pista 21)**. Entre uno y otro, lean el versículo bíblico **(Reproducible 9D, en medio)**. Asígneles la lectura de cada mandamiento. Diga al grupo que como respuesto repita el versículo bíblico después de cada mandamiento.

Ore, dando gracias por los diez mandamientos.

Haga una copia de Zona Casera® para cada estudiante de la clase

 # Casera para estudiantes

DISEÑA MANTELES INDIVIDUALES

Tú puedes diseñar manteles individuales de papel que incluyan los diez mandamientos. Usa la receta de abajo para hacer una pasta de colores para darle una capa de pintura al papel. Puedes usar papel blanco o de color como base. Pídele a un adulto que te ayude a cocinar la mezcla. Revuelve porciones separadas de tu mezcla con un poco de pintura al temple o colorante vegetal para crear variedad de colores. Cuando la pasta se enfríe, ponla en el papel y traza patrones con los dedos, un palito de madera afilado u otros instrumentos como un peine, por ejemplo. Escribe los mandamientos en los mantelitos. Deja que el papel seque.

Para hacer la pasta, mezcla 2 cucharadas de fécula de maíz con una taza de agua en una olla. Mueve mientras se calienta a fuego bajo hasta que espese y se aclare. Deja que enfríe antes de trabajar con la pasta.

Zona para pensar

¿Con qué normas diriges tú vida? De los diez mandamientos, ¿cuáles te parecen difíciles de seguir?

Rollos de papel

Los diez mandamientos primero fueron escritos en tablas de piedra y luego en rollos de papel o pergaminos. Tú puedes hacer rollos parecidos si abres rollos de pan refrigerado y sin hornear, los desenrollas y los dejas como rectángulos planos. Luego enrolla cada uno otra vez, empezando desde un extremo. Ponlos en una lámina de hornear y hornéalos de acuerdo con las instrucciones del paquete.

Versículo para memorizar

Si ustedes me obedecen en todo y cumplen mi alianza, serán mi pueblo preferido.
Éxodo 19:5

Dios nos da reglas para ayudarnos a vivir juntos.

En las alas de un águila

En Éxodo 19:4 leemos: "Ustedes han visto lo que yo hice con los egipcios, y cómo los he traído a ustedes a donde yo estoy, como si vinieran sobre las alas de un águila". El águila lleva a su polluelo águila en sus alas, hacia las alturas del cielo. La madre baja de repente para que el bebé águila quede brevemente en el aire, y luego ella atrapa al bebé en sus alas. Haciendo esto muchas veces, pronto el bebé prueba sus propias alas y aprende a volar. Los diez mandamientos que Dios nos dio son como las alas de un águila, que nos guían y nos enseñan cómo vivir de un modo pacífico por nuestra cuenta.

No alabes a otros dioses aparte de mí.
No te hagas ningún ídolo.
No hagas mal uso del nombre del Señor tu Dios.
No hagas ningún trabajo el sábado consagrado al Señor.
No trates mal a tus padres.
No mates.
No seas infiel en el matrimonio.
No robes.
No digas mentiras en perjuicio de tu prójimo.
No desees nada que pertenezca a otra persona.

Encontrarás palabras de los diez mandamientos entre las alas del águila. Enciérralas en un círculo cuando las encuentres. Hay 15 palabras.

Reproducible 9D

Permiso de fotocopiado otorgado para uso de la iglesia local. © 2007 Abingdon Press.

Cántico de

Los Diez Mandamientos (Improvisación de percusiones)

1. No adores otros dioses.
Respuesta: Si me obedecen, mi pueblo preferido ustedes serán. (Éxodo 19:5)

2. No te hagas ni una imagen.
Respuesta: Si me obedecen, mi pueblo preferido ustedes serán. (Éxodo 19:5)

9. Siempre habla la verdad.
Respuesta: Si me obedecen, mi pueblo preferido ustedes serán. (Éxodo 19:5)

8. No robarás.
Respuesta: Si me obedecen, mi pueblo preferido ustedes serán. (Éxodo 19:5)

6. No matarás.
Respuesta: Si me obedecen, mi pueblo preferido ustedes serán. (Éxodo 19:5)

10. No codicies lo que no sea tuyo.
Respuesta: Si me obedecen, mi pueblo preferido ustedes serán. (Éxodo 19:5)

4. Separa el sábado y descansarás.
Respuesta: Si me obedecen, mi pueblo preferido ustedes serán. (Éxodo 19:5)

5. Honra a tu madre. Honra a tu padre.
Respuesta: Si me obedecen, mi pueblo preferido ustedes serán. (Éxodo 19:5)

3. El nombre de Dios no uses en vano.
Respuesta: Si me obedecen, mi pueblo preferido ustedes serán. (Éxodo 19:5)

7. Siempre sé fiel a los que amas.
Respuesta: Si me obedecen, mi pueblo preferido ustedes serán. (Éxodo 19:5)

Los Diez Mandamientos están organizados de acuerdo a los ritmos. Los ritmos más fáciles están al comienzo y los más difíciles al final. Los números indican el orden de los Mandamientose como aparecen en la Biblia.

LETRA: Mark Burrows; trad. por Julito Vargas
MÚSICA: Mark Burrows
© 2002; trad. © 2007 Abingdon Press, admin. por The Copyright Co., Nashville, TN 37212

Dios nos da reglas para ayudarnos a vivir juntos.

10 

Un santuario para Dios

Entra a la

Versículo bíblico

Vengan a las puertas y a los atrios de su templo con himnos de alabanza y gratitud [al Señor].

Salmo 100:4

Historia bíblica
Éxodo 25:1-9; 35:4–36:7

Leer acerca de la construcción del santuario puede ser tedioso, así que estos pasajes suelen obviarse. Para no atascarnos en detalles, nos enfocaremos en un par de temas importantes. Primero; ésta no era una empresa casual, a la que cualquier cosa le sentaría bien. Dios hablaba en serio al desear la adoración de su pueblo y esperaba de él que reflejara esa seriedad. El segundo tema importante es la entusiasta respuesta de la gente. Ellos estaban tan entusiasmados en la creación de un lugar apropiado para honrar y adorar a Dios que dieron generosamente para el proyecto, tanto que Moisés tuvo que ¡mandar a detener las donaciones! También dieron de buena gana sus talentos para la creación del santuario. Esta lección enfatiza los dones y regalos que Dios nos ha dado y el gozo de traerlos ante Dios para su obra.

Nosotros usamos la palabra *regalo* para referirnos a cualquier cosa dada para cualquier propósito u ocasión. La palabra hebrea para *regalo* es más específica, pues se refiere a un objeto dedicado para un uso sagrado. Cuando Dios llamó a dos hombres por sus nombres (Éxodo 35:30) les dio dones, los llenó de habilidades, inteligencia, conocimiento y creatividad para todo tipo de artesanía (Éxodo 35:31), y los inspiró a enseñar sus destrezas a otras personas, se hizo con un uso sagrado en mente. La gente dio posesiones, tiempo y talento para trabajar con Dios, y su tarea sagrada resultaría en un santuario donde ellos reconocerían la presencia de Dios.

El entendimiento de los israelitas sobre la divinidad aumentaba. Habían visto a Dios como una deidad que se movía dentro y fuera de sus vidas, a veces se hacía presente y a veces lo percibían a la distancia, como en una montaña o esperando el momento adecuado para allegarse a ellos. Dios no había demandado un lugar de adoración hasta ese momento. Ahora Dios les ayudaba a darse cuenta de que podían tener a Dios con ellos mientras viajaban.

Éste es el momento, en su crecimiento religioso, cuando ellos comenzaron a conectar el "Cielo" y la Tierra. Este santuario trajo a Dios a la Tierra, para vivir entre ellos. Su entendimiento de Dios siguió desarrollándose, pero en esta etapa eran tan concretos en su creencia que requerían de un punto físico en el cual enfocarse, una casa para Dios; aunque el profeta Isaías (66:12), anticipa un tiempo cuando tal lugar ya no sería necesario.

Podemos alabar y adorar a Dios de muchas maneras.

Vistazo a la

ZONA	TIEMPO	MATERIALES	ACCESORIOS DE ZONA
Acércate a la zona			
Entra a la Zona	5 minutos	página 170	ninguno
Casa limpia	5 minutos	periódico, bolsas de basura	ninguno
Mesa de celebración	5 minutos	mesa pequeña, mantel blanco, retazos de telas de colores, vela, Biblia, una foto del edificio de tu templo	ninguno
Zona Bíblica®			
Prepara una fogata	10 minutos	maderos pequeños, papel celofán rojo y amarillo, linterna de pila, ramitas, transparencias 2, proyector de transparencias	ninguno
Fácil de aprender	5 minutos	pizarrón y tiza, o pliego de papel y marcador	margarita inflable
Disfruta la historia	10 minutos	Reproducible 10A, transparencia 2, proyector de transparencias (opcional: sábana blanca o cortina de baño de color claro)	ninguno
Crucigrama	5 minutos	Reproducible 10C, lápices, Biblias	ninguno
Casa de Dios con tarjetas	10 minutos	cinta adhesiva, tarjetas de fichero de 3 x 5, lápices	ninguno
Leyenda moderna	10 minutos	Reproducible 10B, lápices	ninguno
Zona de Vida			
Casa de Dios	5 minutos	transparencia 3, proyector de transparencias	ninguno
Alabanza y oración	5 minutos	ver página 126	rana afelpada, disco compacto

Los Accesorios de Zona® se encuentran en el Paquete de **DIVERinspiración®**.

PRIMARIOS MAYORES: LECCIÓN 10

Acércate a la ZONA

Escoja una o más actividades para capturar el interés de sus estudiantes.

Materiales:
página 170

Accesorios de Zona®:
ninguno

Entra a la Zona

Salude a cada estudiante con una alegre sonrisa.

Diga: ¡Bienvenidos a la Zona Bíblica! Estoy feliz de que estén aquí. Éste es un lugar divertido donde llegaremos a conocer la Biblia.

Si sus estudiantes no se conocen entre sí, entrégueles las tarjetas de identificación con sus nombres (página 170).

Materiales:
periódico, bolsas de basura

Accesorios de Zona®:
ninguno

Casa limpia

Antes de la clase, desarregle el salón para que parezca como si alguien hubiera intentado destruirlo. Intente hacerlo con autenticidad para que sus estudiantes reaccionen a la situación. Corrugue papel de periódicos viejos y espárzalos por el salón, vuelva algunas sillas y haga otras cosas para conseguir el efecto. Párese fuera de la puerta mirando hacia adentro con pesar. Discúlpese por no tener listo el salón de clase y explique lo que encontró al llegar. Diga que los estaba esperando para que le ayudaran a poner todo en orden para la clase.

Tenga listas bolsas grandes de plástico para la basura (recicle después el periódico), recoja el desorden y limpie.

Mientras limpian, **pregunte: ¿Creen que ésta es manera de tratar la casa de Dios? ¿Quién creen ustedes que sea el responsable de este desorden? ¿Por qué es importante respetar nuestro templo?**

Después de que el salón esté en el orden, confiese que usted preparó el desorden dé énfasis al asunto. Pregunte si han notado algunos lugares alrededor del edificio de la iglesia que necesiten limpieza. Haga planes para llevar a cabo un proyecto para mejorar los alrededores del templo.

Materiales:
mesa pequeña
mantel blanco
retazos de telas de colores
vela
Biblia
una foto de su templo

Accesorios de Zona®:
ninguno

Mesa de celebración

Pídale a un niño o a una niña, que haya llegado temprano, que le ayude a preparar la mesa de celebración. Prepare la mesa con el color apropiado, la vela y la Biblia, de acuerdo con las instrucciones de la página 12.

Para esta sesión ponga junto a la vela una foto del templo.

ZONA BÍBLICA®

Escoja una o más actividades para sumergir a sus estudiantes en la historia bíblica.

Prepare una fogata

Pida a sus estudiantes que lleguen temprano para que le ayuden a preparar una fogata simulada junto a la pared donde va a proyectar la transparencia **2**. Para hacer esto, entrecruce varios pedazos de madera y acomode algunos trozos de papel celofán rojo y amarillo entre los maderos. Puede esconder una pequeña linterna de pila bajo el papel celofán para prenderla durante la historia y que brille a través del papel. Si no cuenta con papel celofán, recorte "llamas" de papel de construcción y póngalas entre los maderos. Puedes poner también unas cuantas ramitas esparcidas alrededor, durante la historia. Guarde los materiales de esta "fogata" para las siguientes dos sesiones.

Materiales:
maderos pequeños
papel celofán rojo y amarillo
linterna de pila
ramitas
transparencia 2
proyector de transparencias

Accesorios de Zona®:
ninguno

Fácil de aprender

Escriba el versículo bíblico de hoy en el pizarrón o en un pliego de papel de manera que pueda ser visto por todos: "Vengan a las puertas y a los atrios de su templo con himnos de alabanza y gratitud [al Señor]" (Salmo 100:4).

Divida al grupo en dos equipos y pida que se paren en dos líneas en lados opuestos del salón, dándose la cara los unos a los otros.

Diga: Vamos a ver qué tan fácil es aprenderse el versículo bíblico de hoy. Van a tomar turnos arrojando al aire la margarita inflable **por todo el salón, hacia atrás y adelante. Si algún miembro de su equipo falla al tratar de atrapar la flor o la deja caer, entonces todos en el equipo tienen que leer el versículo. Cada vez que lean el versículo, voy a tapar una palabra, pero ustedes van a seguir diciendo el versículo completo. Conforme las palabras se vayan tapando, ustedes van a ir aprendiendo el versículo. Pronto se van a encontrar diciéndolo sin leer ni una palabra.**

Materiales:
pizarrón y tiza, o pliego de papel y marcador

Accesorios de Zona®:
margarita inflable

Disfrute la historia

Distribuya copias de los **Reproducibles 10A** y asigne las partes. Proyecte la **transparencia** en el muro o por la parte de atrás de una sábana blanca o cortina de baño de color claro (esto permite que la acción tome lugar en la parte de enfrente y que la escena sea vista detrás). Sugiera que las personas con partes asignadas se sienten al pie de la montaña, alrededor de la fogata que preparó con anticipación.

Materiales:
Reproducible 10A
transparencia 2
proyector de transparencia
(opcional: sábana blanca o cortina de baño de color claro)

Accesorios de Zona®:
ninguno

Historia de la  Bíblica

La casa de Dios

Narrador: Nuevamente nos encontramos en el desierto con Moisés y la gente del pueblo de Israel. Escuchemos a Bezalel y a Ana, sentados en su tienda de campaña, hablar con sus hijos.

Rut: ¡No puedo creer que realmente vayamos a construir una tienda especial como casa para Dios! Será como saber exactamente dónde ir cuando queramos estar con Dios, como tener a Dios acampando con nosotros.

Bezalel: Sí, nunca más pensaremos en un Dios lejano, en cambio, sabremos que podemos ir al santuario y encontrar a Dios entre nosotros, incluso en el desierto.

Rubén: Yo le creí a Moisés cuando dijo que Dios hablaba por medio de él. Habiendo visto la tienda de Moisés, ¡no puedo imaginar que a él le surgiera esa idea!

Ana: Me alegro de haber tenido ropa de lana roja, azul y púrpura, y tela de lino que dar para el santuario. Nuestros regalos honran a nuestro Dios.

Bezalel: Ustedes, niños, dieron mucho cuando se desprendieron de las únicas joyas de oro que tenían. Cuando vean la hermosa arca sagrada recubierta en oro, deben recordar que sus regalos son parte de ella. El arca irá delante de nosotros mientras viajamos, encabezando el camino a la tierra prometida.

Rut: Madre, quiero hacer algunos tejidos muy lindos para el santuario. ¿Podrías ayudarme?

Ana: Por supuesto. Dios nos a dado a cada uno de nosotros dones especiales para servirle. Algunos podemos tejer, otros pueden hacer artesanía en metal, otros hacen el aceite de oliva que se necesita para las lámparas, algunos más saben cómo hacer intrincados diseños para la ropa de los sacerdotes. Hay muchas cosas que podemos hacer para el Señor y para el santuario. Bezalel, tú tienes un gran don como hábil artesano.

Bezalel: Sólo porque el Espíritu del Señor me llenó. Solamente puedo usar mi talento para la creación de la casa de Dios. Puedo hacer objetos de arte con oro, plata, bronce, piedra y madera, y también les puedo enseñar a otros a trabajar en estos oficios artesanales, para que ayuden en la construcción del santuario. Parece que es lo que Dios quiere que haga.

Rubén: Yo también voy a prender de ti, padre. Con este santuario sabremos siempre que Dios está con nosotros.

Bezalel: Vamos a construir para nuestro Dios la mejor morada que alguien haya visto. La vamos a llevar con nosotros y adoraremos a Dios a dondequiera que vayamos.

Narrador: Esto fue lo que sucedió. La gente trabajó juntas, usando los regalos y habilidades que Dios les había dado, y construyeron una casa para Dios. Era reconfortante saber que Dios estaba con ellos mientras viajaban por el desierto.

Reproducible 10A
Permiso de fotocopiado otorgado para uso de la iglesia local. © 2007 Abingdon Press.

ZONA BÍBLICA

¡Hosana!
Una leyenda moderna vuelta a narrar por Delia Halverson

Un día, un chico africano escuchaba atentamente a la explicación, que daba la maestra, sobre el porqué nosotros damos regalos en Navidad. Ella decía, "Damos regalos para expresar nuestra felicidad por el nacimiento de Cristo. El regalo demuestra que nos interesamos los unos por los otros como Dios se interesa por nosotros".

En la Navidad de ese año el chico le llevó a la maestra una encantadora concha marina. La maestra preguntó, "¿Dónde encontraste tan hermosa concha?"

El chico dijo, "Hay un sólo sitio en el mundo donde se puede encontrar conchas como éstas. Ese lugar es una bahía a muchas millas de distancia. Yo la conseguí allá".

La maestra dijo, "Qué maravilloso regalo. Lo voy a atesorar siempre, pero no debiste caminar tanto para conseguir un obsequio para mí".

El chico respondió, "La larga caminata es parte del regalo".

Cada concha es diferente, incluso si es del mismo tipo. Dios ha hecho a cada persona diferente, cada una con dones o regalos especiales para compartirlos con Dios.

¿En qué materia vas mejor en la escuela? _____
¿Qué actividad física disfrutas más? _____
¿Qué tipo de arte disfrutas (dibujar, pintar, el teatro, escribir, la música…)? _____
¿Eres bueno explicando las cosas de manera que otros puedan entender bien? _____
Cuando los amigos discuten, ¿puedes ayudarles a ponerse de acuerdo pacíficamente? _____

Tus amistades, ¿disfrutan yendo a tu casa? _____
¿La pasa bien cuidando de los chiquitines? _____
¿Eres hábil para organizar cosas y mantenerlas en orden? _____

Éstos son regalos o dones de Dios para ti.
¿Cómo los usas para darle a Dios un regalo a cambio?
_____

Regalos para Dios

En el desierto la gente llevó muchos regalos para construir un lugar donde adorar a Dios. Busca Éxodo 35:20-29 para descubrir exactamente estos regalos.

1. El líquido quemado en las lámparas
2. Un metal precioso
3. Cuero de un animal que ha sido curtido
4. Objetos naturales preciosos
5. Un metal parecido al cobre
6. Producto de los árboles
7. Sustancia aromática
8. Una tela fina
9. Uno de los colores de lana
10. Joyería usada en los dedos
11. Joyería usada en las orejas
12. Resina de plantas que al quemarse huelen bien
13. Material para hacer tejidos

Reproducible 10C

Permiso de fotocopiado otorgado para uso de la iglesia local. © 2007 Abingdon Press.

ZONA BÍBLICA

Escoja una o más actividades para sumergir a sus estudiantes en la historia bíblica.

Crucigrama

Reparta copias del **Reproducible 10C,** Biblias y lápices.

Diga: En nuestra historia de hoy la gente se sintió movida a dar regalos para la casa de Dios. Lee las indicaciones para resolver el crucigrama. Puedes buscar en la Biblia Éxodo 35:20-29 para ayudarte a descubrir las palabras con que debes rellenar las casillas.

Materiales:
Reproducible 10C
lápices
Biblias

Accesorios de Zona®:
ninguno

Casa de Dios con tarjetas

Entregue a cada estudiante cinco tarjetas de 3 x 5 y pídales que escriban sus nombres en uno de los lados de cada tarjeta, y en el otro lado, una cosa que les guste de su iglesia. Divida a la clase en dos equipos de cuatro o cinco estudiantes. Déle a cada equipo un rollo de cinta adhesiva y pídales que construyan una "Casa de Dios" (o el edificio de una iglesia) usando las tarjetas.

Cuando hayan terminado, compartirán sus estructuras con toda la clase. Luego una persona a la vez (rotándose entre los distintos equipos) removerá con cuidado una de sus tarjetas y leerá lo que está escrito en ella.

Cuando terminen de leer, tenga una oración de gratitud breve por las cosas especiales en su iglesia. La oración puede ser algo como esto: "Hay muchas cosas de nuestra iglesia que son excelentes, oh Dios, y te damos gracias por todas las cosas mencionadas aquí. Amén.".

Materiales:
cinta adhesiva
tarjetas de fichero de 3 x 5
lápices

Accesorios de Zona®:
ninguno

Leyenda moderna

Diga: En nuestra historia de hoy, distintas personas tenían diferentes dones y regalos que llevarle a Dios. Cada uno de nosotros tiene dones que Dios le ha dado, nosotros debemos compartir con otras personas nuestros dones.

Reparta las copias del **Reproducible 10B,** pídales a sus estudiantes que lean la leyenda moderna y que respondan las preguntas que siguen.

Materiales:
Reproducible 10B
lápices

Accesorios de Zona®:
ninguno

PRIMARIOS MAYORES: LECCIÓN 10

 de Vida

Escoja una o más actividades para que la Biblia cobre significado en la vida diaria.

Materiales:
transparencia 3
proyector de transparencias

Accesorios de Zona®:
ninguno

Casa de Dios

Haga que Faraona la rana diga: Desde la época en que los hebreos hicieron una casa para el Dios, nosotros hemos tenido lugares para alabarle. Los hebreos hicieron una tienda de campaña porque tenían que moverla mientras iban en su viaje a la tierra prometida. ¿Qué tipos de templos han visto ustedes? ¿Por qué creen que son diferentes? Las áreas de adoración en nuestros templos suelen llamarse santuarios. *(Pídale a un estudiante que busque la definición de santuario en un diccionario.)* **La palabra puede significar "lugar santo" o "lugar seguro" ¿Qué similaridad hay entre un lugar santo y un lugar seguro?**

Proyecte la **transparencia 3** en la pared. Observen las dos imágenes de santuarios y discutan en qué se parecen y en qué se diferencian de su propio santuario. Pídales a sus estudiantes que identifiquen las siguientes cosas específicas en los santuarios de la transparencia. Conforme las vayan localizando, explique el simbolismo de elemento:

Techo arqueado: Dios está sobre nosotros y a nuestro derredor.
Vitral de colores: la manera de recordar historias bíblicas cuando la gente no sabe leer, o de desplegar los colores del rito o culto divino, o simplemente para añadir color al espacio de adoración.
Fuente bautismal: recuerda nuestro bautismo.
Flores frescas: Cristo vive incluso hoy.
Triángulos, tres círculos entrelazados o una flor de lis: la Trinidad: un Dios manifestado en tres formas, como creador/sustentador/padre, en la forma humana de Jesús, el Espíritu Santo o Dios con nosotros.
Cruz: la cruz vacía nos recuerda la muerte de Cristo y su resurrección.
Objetos con cuatro esquinas: los cuatro Evangelios: Mateo, Marcos, Lucas y Juan.
IHS: las tres primeras letras (iota, eta, sigma) del nombre de Jesús en griego.
Círculos: El amor de Dios nunca se acaba, es duradero, sempiterno.
Velas: Cristo es la luz del mundo.
Elementos de la comunión: La última cena de Cristo con sus discípulos.

Materiales:
Reproducibles 1E, 10D y 10E
tocadiscos de discos compactos
mesa de celebración
una foto de tu templo

Accesorios de Zona®:
rana afelpada
disco compacto

Alabanza y oración

Reúna a la clase con el cántico "He aquí, yo estoy contigo" **(Reproducible 1E; disco compacto, pista 4)**. Encienda la vela.

Haga que Faraona la rana pregunte: ¿Por qué suponen ustedes que tenemos una foto de nuestro templo en la mesa? ¿Podemos alabar a Dios en otros lugares que no sean el edificio de la iglesia? *(Reparta copias del Reproducible 10E. Canten "Escucha, Israel" en el disco compacto, pista 22. Use el Reproducible 10D para orar con la letanía todos juntos.)*

Haga una copia de Zona Casera® para cada estudiante

Casera para estudiantes

HAZ UNA LAMPARA DE SOMBRA

Los israelitas hicieron lámparas para la casa que construyeron para Dios. Tú puedes hacer una lámpara para cuando tengas momentos especiales con Dios. Hazla y úsala en un lugar de tu casa que tengas aparte para leer tu Biblia y hablar con Dios. **Vas a necesitar:** 8 palitos de madera, alambre flexible o alambres para anudar bolsas, papel pergamino, papel de colores, pegamento, tijeras y una linterna de pila.

1. Usa el alambre para unir los palitos en forma de pirámide, utilizando cuatro palitos para formar la base y otros cuatro para los ángulos de la pirámide.
2. Recorta cuatro triángulos del papel pergamino, cuidando de dejar ½ pulgada adicional a cada lado.
3. Pega los triángulos de papel a los palitos de madera. Cuando se seque el pegamento, recorta cualquier exceso de papel de las orillas.
4. Recorta símbolos cristianos en papel de colores y pégalos en los lados de la pirámide. También puedes cortar tiras de papel para pegar en la punta de la pirámide.
5. Para usar la lámpara, pon una linterna adentro. No dejes la linterna encendida cuando no estés en tu cuarto.

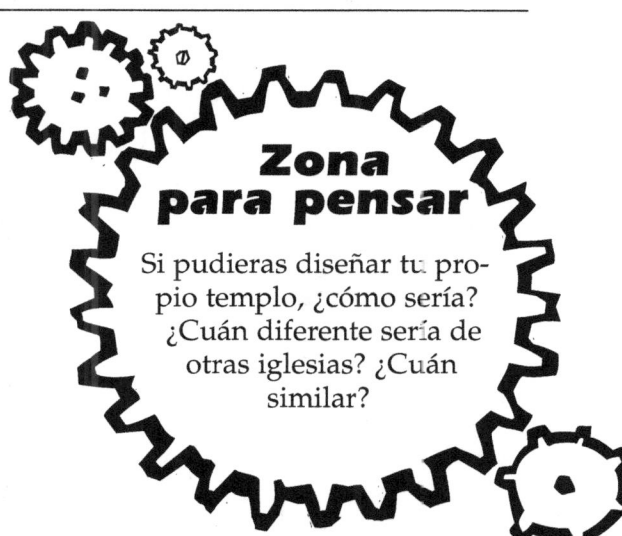

Zona para pensar

Si pudieras diseñar tu propio templo, ¿cómo sería? ¿Cuán diferente sería de otras iglesias? ¿Cuán similar?

DESAYUNO DE SABADO

Prepara un desayuno de crema de cacahuate y pan francés con mermelada. Primero haz un emparedado de crema de cacahuate y mermelada usando tu sabor favorito de mermelada. Enseguida, bate un huevo junto con una cucharada de leche. Sumerge el emparedado en la mezcla batida y fríelo en un poco de mantequilla en un sartén o plancha donde no se pegue, cerca de dos minutos a fuego medio o hasta que se ponga doradito. Sírvelo con un pedacito de mantequilla o con una pizca de azúcar en polvo, o ponle miel o jarabe de arce, si lo deseas.

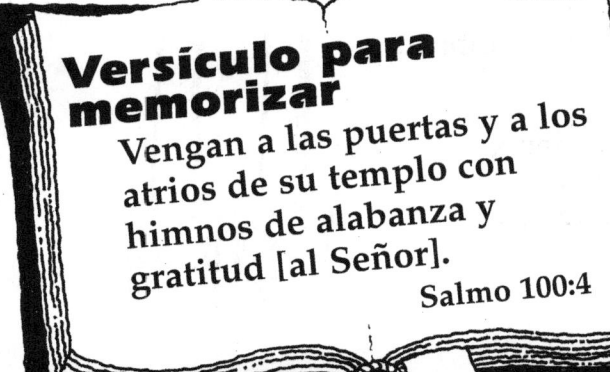

Versículo para memorizar

Vengan a las puertas y a los atrios de su templo con himnos de alabanza y gratitud [al Señor].

Salmo 100:4

Podemos alabar y adorar a Dios de muchas formas.

Permiso de fotocopiado otorgado para uso de la iglesia local. © 2007 Abingdon Press.

PRIMARIOS MAYORES: LECCIÓN 10

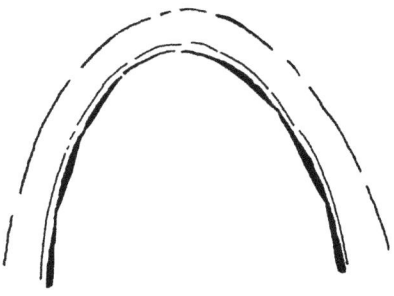

Salmo 100

Líder:
¡Canten al Señor con alegría,
habitantes de toda la Tierra!

Niñas:
Con alegría adoren al Señor;
¡con gritos de regocijo
vengan a su presencia!

Niños:
Reconozcan que el Señor es Dios;

Todos:
Él nos creó
y somos suyos;
¡somos pueblo suyo
y ovejas de su prado!

Niñas:
Vengan a las puertas
y a los atrios de su templo
con himnos de alabanza y gratitud

Niños:
¡Denle gracias, bendigan su nombre!

Todos:
Porque el Señor es bueno;
su amor es eterno
y su fidelidad no tiene fin.

Cántico de

Escucha, Israel

Escucha Israel,
Es uno nuestro Dios.

Amarás a Dios con todo el corazón.
Amarás a Dios con toda tu alma.

Amarás a Dios con toda tu mente.
Amarás a Dios con toda tu alma.

Amarás a Dios
con todo el corazón,
con toda tu alma,
con toda tu mente.

Y ¿cuál es el versículo?
Deuteronomio seis, cuatro a cinco.

LETRA: Bob Ropiak; trad. por Julito Vargas
MÚSICA: Bob Ropiak
© 1983; trad. © 2007 Straightway Music. Admin. por EMI Christian Publishing
Todos los derechos reservados. Derechos internacionales asegurados. Usada con permiso

 **Podemos alabar y adorar a Dios de muchas formas.**

La batalla de Jericó

Entra a la ZONA

Versículo bíblico

No tengas miedo ni te desanimes porque yo, tu Señor y Dios, estaré contigo dondequiera que vayas.

Josué 1:9b

Historia bíblica
Josué 1:1-9; 5:13–6:27

Josué entra en la escena bíblica en Éxodo 17:8-13 cuando Moisés le pide que tome el liderazgo en la batalla contra los amalecitas. La Biblia nos dice que "Josué hizo lo que Moisés le ordenó, y salió a pelear contra los amalecitas" (Éxodo 17:10), y que con la ayuda de Dios se ganó la batalla. En la historia de hoy vemos que luego de la muerte de Moisés, Dios pone a Josué como líder de todo el pueblo hebreo y le encomienda que los lleve hasta Canaán, la tierra prometida. Aunque Josué va delante del pueblo, las Escrituras hacen hincapié en que Dios es su líder, y que Josué es el vocero de Dios. Esto se hace más evidente en esta historia que en cualquier otra historia bíblica de liderazgo.

El relato de la batalla de Jericó es uno de los favoritos de la Biblia. Aunque no hay evidencia arqueológica de que ésta haya sido la manera exacta en que los israelitas tomaron el territorio, sí hay evidencia de que en ese período de tiempo hubo una gran explosión demográfica en el área. El relato de la batalla sirvió para alentar a Israel a seguir las instrucciones de Dios. También nos presenta a una persona que confrontó una tarea muy difícil de llevar acabo, más no se desanimó. Josué contaba con Dios y dependió de Dios para que le ayudara a vencer una situación aparentemente insalvable.

Josué aceptó el liderazgo mucho más rápido que Moisés. No esperó por tener todos los detalles de cómo iba a realizar la encomienda dada por Dios. Más bien, puso a funcionar su iniciativa, echó mano de su valor y actuó. Él demostró fe en Dios y en sí mismo. Éste es un modelo de liderazgo fiel en la familia de Dios.

¿Cuándo te has preguntado si eras capaz de ejecutar una responsabilidad encomendada? ¿Dónde encontraste la fortaleza y el valor para aceptarla de todas forma, aun sin haber tenido el conocimiento de cómo realizarla?

Los niños y las niñas de cuarto, quinto y sexto años están en un momento de cambio en sus vidas. Están dando pasos a tomar posiciones de liderazgo en la escuela, en los deportes, en los grupos sociales, de exploración o en la iglesia. Podemos usar a Josué como modelo de alguien que se rinde ante Dios y que al hacerlo experimenta el impacto que Dios hace en nosotros y por medio de nosotros.

Dios nos ayudará a superar las situaciones difíciles.

Vistazo a la

ZONA	TIEMPO	MATERIALES	ACCESORIOS DE ZONA®
Acércate a la zona			
Entra a la Zona	5 minutos	página 170	ninguno
Mesa de celebración	5 minutos	mesa pequeña, mantel blanco, retazos de telas de colores, vela, Biblia, piedra	ninguno
Vence los obstáculos	5 minutos	sillas, cuerdas o cintas, y otros obstáculos	rana afelpada
Zona Bíblica®			
Lee el versículo	5 minutos	Biblia, Reproducibles 11A-B, fogata simulada	ninguno
Disfruta la historia	10 minutos	Fogata simulada, Reproducibles 11A-B	flautas metálicas
Usa el mapa	5 minutos	transparencia 1, proyector de transparencia	banderita de carreras
Valor en la canasta	5 minutos	cesto de basura	pelotas saltarinas
Rocas de valentía	10 minutos	ver página 137	rana afelpada
Valor y firmeza	10 minutos	tiras de papel, lápices	sombrero de rana
Cuadro del valor	5 minutos	Reproducible 11C, Biblias, lápices	ninguno
Zona de Vida			
Marchar por Jericó	5 minutos	ninguno	binoculares
Alabanza y oración	5 minutos	Reproducibles 1E y 11E, tocadiscos de discos compactos, mesa de celebración, piedra, madeja de hilo	disco compacto

Los Accesorios de Zona® se encuentran en el Paquete de **DIVERinspiración®**.

PRIMARIOS MAYORES: LECCIÓN 11

Acércate a la Zona

Escoja una o más actividades para capturar el interés de sus estudiantes.

Materiales:
ninguno

Accesorios de Zona®:
ninguno

Entra a la Zona

Reciba a cada estudiante con una alegre sonrisa.

Diga: ¡Bienvenidos a la Zona Bíblica! Estoy feliz de que estén aquí. Éste es un lugar divertido donde llegaremos a conocer la Biblia.

Si sus estudiantes no se conocen, entrégueles sus tarjetas con sus nombres (página 170).

Materiales:
mesa pequeña
mantel blanco
retazos de telas de colores
vela
Biblia
piedra

Accesorios de Zona®:
ninguno

Mesa de celebración

Pídale a un niño o a una niña que haya llegado temprano que le ayude a preparar la mesa de celebración. Prepare la mesa con el color apropiado, la vela y la Biblia, de acuerdo con las instrucciones de la página 12.

Para esta sesión ponga una piedra junto a la vela.

Materiales:
sillas
cuerdas o cintas
otros obstáculos

Accesorios de Zona®:
rana afelpada

Vence los obstáculos

Con tiempo, prepare una ruta de obstáculos en tu salón de clase. Vuelva sillas y otras cosas en medio del piso, cuerdas o cintas que interfieran el camino, etc. Hágalo desafiante y creativo, sin embargo, asegúrese de que la ruta sea segura para que nadie se lastime. Conforme lleguen sus estudiantes, pídales que sigan la ruta de obstáculos, uno a la vez. Cuando toda la clase haya completado la ruta, pida que le ayuden a quitar los obstáculos y a reacomodar el salón.

Pregunte: ¿Qué les sorprendió de la ruta de obstáculos? ¿Qué parte fue fácil? ¿Qué parte fue difícil? ¿Te hubiese ayudado tener a alguien que te ayudara a seguir esta difícil ruta? *(Tenga a la mano a Faraona la rana para aquellos estudiantes que tenga comentarios.)*

Escoja una o más actividades para sumergir a sus estudiantes en la historia bíblica.

Lee el versículo

Plantee dos situaciones. De un lado tenga la fogata simulada que utilizó en las dos semanas anteriores. Del otro lado coloque dos sillas para los lectores, para que cambien de la fogata a las sillas cuando la escena cambie. Antes de la historia, reparta Biblias y pida a sus estudiantes que busquen Josué 1:9 y que lean el versículo en voz baja. Reparta las copias de los **Reproducibles 11A-B**; pídales que busquen el versículo en la parte de abajo del Reproducible 11B. Lean juntos el versículo.

Diga: Este versículo proviene de una historia acerca de Josué, un hombre que condujo a todo un pueblo por un campo de obstáculos. Las murallas de una ciudad eran un obstáculo en el camino de su asentamiento en la tierra que Dios les había prometido.

Materiales:
Biblia
Reproducibles 11A-B
fogata simulada

Accesorios de Zona®:
ninguno

Disfruta la historia

Diga: Hemos visto a los israelitas cuando dejaron atrás la esclavitud en Egipto. Los hemos visto pasar infortunios y dificultades durante cuarenta años de travesía por el desierto. Una ruta más directa hubiese hecho su travesía más corta, pero ellos necesitaban tiempo para convertirse en una nación, lista para el trabajo que tenían delante. *(Asigne tres partes del reproducible 11A-B. Pida a los estudiantes asignados den lectura a la historia.)*

Materiales:
fogata simulada
Reproducibles 11A-B

Accesorios de Zona®:
flautas metálicas

Usa el mapa

Proyecte el mapa de la **transparencia 1** en la pared. Pídale a un estudiante que use la banderita de carreras para localizar al río Jordán y a la ciudad de Jericó. Localicen a Egipto, donde comenzó la historia. Por fin, cuarenta años más tarde, llegan a su destino.

Materiales:
Transparencia 1
proyector de transparencia

Accesorios de Zona®:
banderitas de carreras

Valor en la canasta

Pregunta: ¿Creen que puedan arrojar una pelota dentro del cesto de la basura? *(Pida a sus estudiantes que formen una fila en el extremo del salón. Ponga un cesto de basura a quince pies de distancia y tome una pelota saltarina.)* **Recuerden cuántas veces encestan la pelota.** *(Cuando cada estudiante lo haya intentado dos o tres veces, tome la pelota de nuevo.)* **La meta sigue siendo encestar la pelota, pero ahora yo me voy a quedar de pie junto al cesto, ustedes me van a arrojar la pelota a mí y yo la voy a dejar caer dentro.** *(Deja que estudiante tome su turno.)* **¿Fue más fácil encestar la pelota esta vez? ¿Por qué? ¿Puedes comparar esta acción a cuando Dios nos ayuda en situaciones difíciles? ¿Cómo?**

Materiales:
cesto de basura

Accesorios de Zona®:
pelotas saltarinas

PRIMARIOS MAYORES: LECCIÓN 11

Historia de la  Bíblica

Josué sigue a Dios

Entregue a cada estudiante una flauta metálica. Pídales que presten atención a las siguientes palabras: Jericó, Josué, trompetas. Cuando oigan cualquiera de estas palabras, tocarán sus flautas.

Narrador: Ahora encontramos al pueblo completando su travesía por el desierto. Ellos han vagado durante cuarenta años recorriendo una tierra desolada y monótona. Están a punto de ver el cumplimiento de la promesa de Dios. Moisés y todas aquellas personas que eran adultas cuando dejaron Egipto han muerto a lo largo del camino, y Josué ha sido designado como líder. Escuchemos de nuevo a Rubén y a Rut, quienes ahora son miembros adultos de la comunidad. Los hermanos están sentados en torno al fuego, anticipando el siguiente día.

Rubén: Desearía que nuestros padres estuvieran vivos para que vieran esto. Piensa lo orgullosos que se sentirían si vieran el arca del Señor, que nuestro padre ayudó a construir, cargada en los hombros de hombres jóvenes que marchan alrededor de la ciudad.

Rut: Josué es un líder fuerte. Él está lleno del espíritu del Señor, de otro modo no habría sabido cómo organizar a nuestra gente para esta invasión. Dios le dijo que ordenara a nuestro ejército a que marchara silenciosamente alrededor de las murallas de Jericó una vez al día durante seis días. Durante esa marcha cargarían en hombros el arca; para que la gente de la ciudad supiera que nuestro Dios está con nosotros.

Rubén: Eso debe atemorizar a las personas que están dentro de la ciudad, ¡y realmente me hace sentir orgulloso de ser israelita! Me alegro de tener a Dios dirigiéndonos.

Rut: ¡Mañana es el gran día! El séptimo día hemos de marchar despacio en torno a la ciudad, siete veces, mientras los sacerdotes hacen sonar sus trompetas. Entonces los sacerdotes tocarán las trompetas, y todos gritaremos al mismo tiempo.

Rubén: Debemos estar listos. La marcha comienza al amanecer, así que será mejor irnos a dormir temprano.

Narrador: Nuestra escena cambia ahora. Ha pasado un poco el tiempo, y encontramos a Rut y a Rubén establecidos en una casa de la ciudad de Jericó.

Rut: Es tan bella esta tierra que el Señor nos ha dado... Los espías que Josué envió delante de nosotros nos dijeron que encontraríamos uvas y jugosos vegetales, incluso, dulce miel. ¡Tenían razón! La vida es muy diferente aquí de lo que era vagando por el desierto.

Rubén: Pero aprendimos mucho en el desierto. Sobre todo, aprendimos a confiar en nuestro Dios.

Rut: Ciertamente Josué confió en Dios cuando organizó la marcha alrededor de las murallas de la ciudad. ¿Recuerdas el tremendo sonido?

Rubén: Sí, parecía que las trompetas resoplarían todo el día. Siete vueltas alrededor de la ciudad toma muchas horas de marcha. Nuestro pueblo rodeaba a toda la ciudad y aquello era un constante movimiento de gente. Si yo hubiera estado dentro de la ciudad amurallada, me habría sentido cercado.

Rut: Tal vez por eso Dios lo planeó así. Dios estaba mostrando dónde estaba el poder. Y luego, ¿te acuerdas del momento del gran grito? ¡Yo sentí una gran fortaleza cuando todos gritamos a la vez! El sonido nos rodeó y por supuesto que ha de haber pasado a través de las murallas.

Reproducible 11A

Rubén: Cuando el retumbar de las murallas se sumó a nuestros gritos, fue ensordecedor. Todas las murallas que circundaban la ciudad se desmoronaron y cayeron a los pies de los que marchaban. Así pudimos entrar a la ciudad y tomar posesión. Dios le dio a Josué el conocimiento para saber qué hacer.

Rut: Debo admitir que yo dudaba un poco de que las murallas fueran a caer en realidad, pero Josué no dudó ni una sola vez. Josué sabía que lo que Dios había planeado sucedería si sólo seguíamos el plan.

Rubén: Ése es nuestro problema, pensamos que podemos hacer cosas por nosotros mismos sin Dios. Es entonces cuando nos metemos en problemas. Josué nos ayudó a ver que Dios nos ayuda a superar situaciones difíciles. Él no tenía miedo y nunca se desanimó.

No tengas miedo ni te desanimes porque yo, tu Señor y Dios, estaré contigo dondequiera que vayas.

Josué 1:9

Escoja una o más actividades para sumergir a sus estudiantes en la historia bíblica.

Rocas de valentía

Muéstreles a sus estudiantes una roca plana.

Haga que Faraona la rana diga: ¿Qué les recuerda esta roca de la historia de hoy? *(Firmeza y valor; las rocas en las murallas de Jericó; Dios es como una piedra sólida; Josué tenía una fe firme en Dios.)*

Proteja la mesa con papel de periódico. Ponga las pinturas y los pinceles, o marcadores de tinta permanente. Si se utiliza la pintura al temple, avise a sus estudiantes que hay que lavar los pinceles con agua. Entregue a cada uno una piedra chata y pida que las decoren para recordar la valentía que Dios nos da cuando pasamos por tiempos difíciles. Reparta las copias del **Reproducible 11D** para que dibujen cruces similares y símbolos de valor. Tal vez quieran usar también el versículo de Josué 1:9. Dígales que se lleven la piedra a su casa para que les recuerde que Dios nos da valor para enfrentar las cosas que debemos hacer.

Materiales:
piedras chatas
periódico
pinturas (acrílicas o al temple) y pinceles, o marcadores de tinta permanente
Reproducible 11D

Accesorios de Zona®:
rana afelpada

Valor y firmeza

Pida a sus estudiantes que se sienten formando un círculo. Entrégueles una hoja de papel y un lápiz. Pídales que escriban una situación que requiera de valor y firmeza (por ejemplo, defender a alguien a quien estén molestando, o decir la verdad aunque eso te traiga problemas). Dígales que doblen sus papeles a la mitad y que los pongan en el **sombrero de rana**. Forme parejas. Las parejas sacarán una de las hojas de papel del sombrero para representar la situación descrita. Después de que todos hayan sacado sus papeles, déles cinco minutos para planear su escena. Cada pareja representará la situación descrita en el papel y luego la leerán.

Diga: En ocasiones, todos necesitamos valor para seguir el camino de Dios. Josué vivía con Dios todos los días, para saber exactamente cómo conducir a su pueblo hasta la tierra que Dios tenía para ellos.

Materiales:
papeletas
lápices

Accesorios de Zona®:
sombrero de rana

Cuadro del valor

Entregue a cada estudiante una copia del **Reproducible 11C** y lápices. Tenga Biblias a la mano. Pida a sus estudiantes que encuentren en el acertijo el versículo bíblico de hoy. Solución: empieza en la esquina superior izquierda y trabaja en espiral hacia dentro para terminar en el centro. Las palabras son: "No tengas miedo ni te desanimes porque yo estaré contigo siempre. Josué 1:9b".)

Diga: Usen la Biblia para leer Josué 1:9b. Y escríbanlo en las líneas en la parte superior de la página. *(Si nadie lo descubre, déles pistas: no hay espacios entre las palabras. Se usan todas las letras. Empieza en la esquina superior izquierda.)*

Materiales:
Reproducible 11C
Biblias
lápices

Accesorios de Zona®:
ninguno

 de Vida

Escoja una o más actividades para que la Biblia cobre significado en la vida diaria.

Materiales:
ninguno

Accesorios de Zona®:
binoculares

Marchar por Jericó

Pida a sus estudiantes que formen dos círculos, uno dentro del otro.

Diga: Los hebreos marcharon alrededor de Jericó como Dios les había ordenado. Nosotros vamos a marchar en círculos, un círculo hacia un lado, y el otro círculo en sentido contrario. El vigía se parará en medio y observará por los binoculares. Cuando apunte con los binoculares hacia ustedes y diga su nombre, ustedes se van a quedar inmóviles en la posición en que estén, mientras todos los demás continúan la marcha alrededor del círculo y en derredor tuyo. El vigía continuará hasta que todos se hayan quedado inmóviles, creando una estatua de la marcha. Luego el vigía intercambiará su lugar con la persona que haya quedado en la posición más inusual. El nuevo vigía toma los binoculares, pasa al centro y grita, "¡Marchen!", y así comienza nuevamente la actividad.

Materiales:
Reproducibles 1E y 11E
tocadiscos de discos compactos
mesa de celebración
piedra
madeja de hilo

Accesorios de Zona®:
disco compacto

Alabanza y oración

Con el cántico "He aquí, yo estoy contigo" **(Reproducible 1E; disco compacto, pista 4)**, llame al grupo a la mesa de celebración. Encienda la vela. Use a Faraona la rana para guiar la conversación acerca de cómo la roca se relaciona con la historia de hoy.

Cante "Josué" **(Reproducible 11E; disco compacto, pista 23)**. Diga a sus estudiantes que este cántico fue creado por esclavos, y que la idea de llegar a la tierra prometida los mantuvo firmes cuando los trataban con crueldad. Cierre con una red de oración. Pida que se paren formando un círculo.

Diga: Voy a empezar nuestra oración enrollando el extremo de esta madeja de hilo alrededor de mi dedo. Voy a decir algo para lo que necesite valor. Si sabes algo para lo que tú, o alguien que conozcas, necesite valor, levanta la mano y yo te pasaré la madeja, dejando una hebra en mi mano. También puedes orar solamente pidiendo valor sin mencionar para qué. No tiene que ser una oración larga, puedes, decir algo sencillo. Entonces le das una vuelta a la madeja alrededor de tu dedo y se la pasas a otra persona.

Comience la oración, y cuando todos hayan tenido su oportunidad de añadirle algo si lo desean, pídales que se agarren de la red para que todos sean parte del cierre de la oración. Entonces cierre con algo como esto: "Hay muchas ocasiones en que te necesitamos, Dios nuestro, ocasiones que hemos mencionado y algunas otras que no hemos mencionado. Sabemos que estarás con nosotros. Trataremos de recordar pedirte ayuda. Amén".

Haga una copia de Zona Casera® para cada estudiante.

 # Casera para estudiantes

NOTITA DE VALENTÍA

¿Conoces a alguien que necesite una nota de aliento que le ayude a ser valiente? Tú puedes hacer un papel especial para cartas para escribirle a esa persona. Asegúrate de escribir también el versículo de Josué en la nota.

Vas a necesitar: papel para cartas, pincel, vinagre, diferentes colores de papel crepé y una pluma negra de tinta permanente. Usando el pincel, humedece el papel para cartas con vinagre. Rasga pedacitos de papel crepé y ponlos en la superficie húmeda. El papel crepé se va a despintar y va a pasar su color al papel de abajo. Cuando el papel esté completamente seco, remueve el papel crepé y usa la pluma negra para escribir tu notita de valentía.

Zona para pensar

¿Cuándo necesitas valor? ¿Cómo puedes recordar que Dios te da valor en esos momentos? ¿Cómo les puedes decir a otras personas que Dios les puede ayudar cuando ellas necesiten ese valor?

Versículo para memorizar

No tengas miedo ni te desanimes porque yo, tu Señor y Dios, estaré contigo dondequiera que vayas.
Josué 1:9b

Muralla de Jericó

Haz esta "gelatina de dedos" y córtala en cuadritos que se puedan amontonar y parecerse a la muralla.

Necesitarás: 2 ¼ tazas de agua hirviendo o jugo de manzana (no le pongas agua fría) 2 paquetes de gelatina (dos paquetes de 8 onzas o 4 cuatro paquetes de 4 onzas). Usando un recipiente grande, revuelve el agua hirviendo con la gelatina. Continúa revolviendo durante tres minutos al menos para que se disuelva. Vierte la mezcla en otro recipiente de 13 por 9 pulgadas y refrigera durante tres horas o hasta que esté firme (que no se pegue el dedo). Sumerge el fondo del recipiente en agua tibia durante 10 o 15 segundos. Corta la gelatina en cubitos y despréndelos del recipiente.

Dios nos ayudará a superar situaciones difíciles.

Símbolos de valor

Cántico de

Josué

La batalla de Josué fue en Jericó, Jericó, Jericó.
La batalla de Josué fue en Jericó; Dios los muros derribó.

¿Has oído hablar de Gedeón y de Saulo, siervo del Señor?
Mas como Josué ninguno en la batalla de Jericó.

Con su espada en mano marchó hacia la ciudad.
Josué ordenó al pueblo gritar y Dios los muros derribó. En ese día.

LETRA: Espiritual tradicional; trad. por Jorge A. Lockward
MÚSICA: Espiritual tradicional
Trad. © 1997 Cokesbury; trad. © 2007 Abingdon Press, admin. por The Copyright Co., Nashville, TN 37212

12

La voz en el desierto

Entra a la

Versículo bíblico

Súbete, Sión, a la cumbre de un monte, levanta con fuerza tu voz para anunciar...: "¡Aquí está el Dios de ustedes! Llega el Señor, con poder".

Isaías 40:9-10ª, adaptado

Historia bíblica

Lucas 3:1-21; Mateo 3:1-17; Isaías 40:3-5

Juan era hijo de Zacarías, un sacerdote, y de Isabel, prima de María de Nazaret. Habían pasado muchos años antes de que Zacarías e Isabel tuviesen descendencia; entonces les nació Juan. Tanto el desierto como la esterilidad representan período de prueba, de aprendizaje y preparación.

Probablemente a Juan le habían contado las inusuales circunstancias que rodearon el nacimiento de su primo Jesús, y hubiese sido muy natural para ambos pasar tiempo juntos mientras crecían, particularmente cuando Jesús visitaba la ciudad de Jerusalén junto a su familia (Lucas 2:41-52).

Como hijo de un sacerdote, Juan probablemente fue instruido en las prácticas religiosas formales, y se esperaría de él que siguiera los pasos de su padre. Podemos asumir que él cuestionó y se rebeló contra gran parte de esto, y que siguió su propio llamado.

Juan abrazó el mensaje profético de Isaías 40:3 ("Preparad camino a Jehová"), y tenía el tono del profeta Zacarías, llamando a Israel al arrepentimiento. Su atavío sencillo nos recuerda a Elías (ver 2 Reyes 1:8). Vivía apartado, con un estilo de vida ermitaña y en santidad. Su dieta se conformaba de langostas y miel silvestre. Juan era extraño, pero atraía a la gente a su mensaje.

¡Y su mensaje anunciaba el cambio! En esa época, el bautismo era una práctica por medio de la cual los prosélitos gentiles se preparaban para ser bienvenidos a la fe judía. Pero Juan llamaba a los judíos igual que a gentiles a ser lavados por el bautismo en preparación para la venida del Mesías.

Sus estudiantes apreciarán a Juan porque les gusta lo inusual. Quizá encuentren extraños sus hábitos alimenticios, pero ellos mismos suelen estar en al umbral de la rebelión, y nosotros podemos ayudarles a darse cuenta de que rebelarse por las causas correctas puede ser una manera de seguir el camino de Dios.

Dios viene a nosotros de muchas maneras.

Vistazo a la

ZONA	TIEMPO	MATERIALES	ACCESORIOS DE ZONA®
Acércate a la zona			
Entra a la Zona	5 minutos	página 170	ninguno
Mesa de celebración	5 minutos	mesa pequeña, mantel blanco, retazos de telas de colores, vela, Biblia, concha marina	ninguno
¿Dónde está Dios?	5 minutos	Reproducible 12C, lápices	rana afelpada
Zona Bíblica®			
Disfruta la historia	10 minutos	Reproducibles 12A–B	ninguno
Búsqueda bíblica	5 minutos	Reproducible 12D, Biblias (de diversas traducciones)	rana afelpada
Palomas de relevos	5 minutos	patrones de paloma y concha (p. 171)	banderitas plásticas de carreras
Localiza en el mapa	5 minutos	Transparencia 1	ninguno
Pinta con arena	10 minutos	arena blanca o ligeramente coloreada, pintura al temple seca, bolsas de plástico resellables, pegamento blanco, papel de construcción, jarras con orificios en la tapa, pinceles o palillos con algodón (estropajos de algodón)	ninguno
Zona de Vida			
Rebelde con causa	10 minutos	pizarrón blanco/negro o papel grande y cinta adhesiva, marcador o tiza	ninguno
Alabanza y oración	5 minutos	Reproducibles 1E y 12E, tocadiscos de discos compactos, mesa de celebración, concha grande	disco compacto

Los Accesorios de Zona® se encuentran en el Paquete de **DIVERinspiración®**.

PRIMARIOS MAYORES: LECCIÓN 12

Acércate a la

Escoja una o más actividades para capturar el interés de sus estudiantes.

Materiales:
página 170

Accesorios de Zona®:
ninguno

Entra a la Zona

Salude a cada estudiante con una alegre sonrisa.

Diga: ¡Bienvenidos a la Zona Bíblica! Estoy feliz de que estén aquí. Éste es un lugar divertido donde llegaremos a conocer la Biblia.

Si sus estudiantes no se conocen, entrégueles una etiqueta con su nombre (página 170).

Materiales:
mesa pequeña
mantel blanco
retazos de telas de colores
vela
Biblia
concha marina (la más grande posible)

Accesorios de Zona®:
ninguno

Mesa de celebración

Pídale a un niño o a una niña que hayan llegado temprano que le ayude a preparar la mesa de celebración. Prepare la mesa con el color apropiado, la vela y la Biblia, de acuerdo con las instrucciones de la página 12.

Para esta sesión ponga una concha marina junto a la vela.

Materiales:
Reproducible 12C
lápices

Accesorios de Zona®:
rana afelpada

¿Dónde está Dios?

Reparta las copias del **Reproducible 12C** y lápices. Después de que sus estudiantes terminen, use la **rana afelpada,** Faraona la rana para guiar la discusión acerca de las maneras de encontrar a Dios.

Ayúdeles a pensar en las ocasiones, de su vida diaria, en las que pueden reconocer a Dios.

Escoja una o más actividades para sumergir a sus estudiantes en la historia bíblica

Disfruta la historia

Reparta fotocopias del "Rap de Juan el Bautista" **(Reproducibles 12A-B)** y explique que éste es un rap modificado. Usted va a decir la primera parte, y ellos van responder al estilo rap. Practiquen la respuesta varias veces antes de empezar la historia. Sus estudiantes disfrutarán quedándose de pie mientras narran la historia pues podrán tener libertad de movimiento durante el rap. Anímales a ser creativos en los movimientos de su cuerpo.

Materiales:
Reproducibles 12A-B

Accesorios de Zona®:
ninguno

Búsqueda bíblica

Reparta Biblias de diferentes traducciones. Diga a sus estudiantes que trabajen juntos para buscar a Isaías 40:9-10. Pídales a varios que lean sus traducciones. Use a Faraona la rana para facilitar la discusión sobre por qué se usan diferentes palabras para los mismos versículos en diferentes traducciones.

Reparta las copias del **Reproducible 12D** y pídales que comparen el versículo de la hoja con los versículos en sus Biblias.

Pregunte: ¿En qué son diferentes? ¿Qué se omite? ¿Por qué supones que se han omitido esas partes? *(Deje que sus estudiantes respondan.)* **A veces, cuando seleccionamos un versículo que queremos memorizar, usamos frases que dicen lo más importante; esto hace que sea más fácil de memorizar. ¿Notaron que hay puntos suspensivos entre las oraciones? Esto significa que allí había palabras que se omitieron. La palabra** *seleccionado* **también se pone al lado de la referencia bíblica, esto también significa que ciertas secciones fueron seleccionadas para usarse. Cuando vemos letras (como DHH) al final de la referencia bíblica, nos dicen de cuál traducción proviene. Ésta es la traducción de las Sociedades Bíblicas Unidas,** *Dios habla hoy.*

Señale la referencia (en las últimas líneas de la hoja) a la historia de Juan y el bautismo de Jesús. Como la historia se ha narrado al estilo rap, anime a sus estudiantes a que la lean completa más tarde.

Materiales:
Reproducible 12D
Biblias (de diversas traducciones)

Accesorios de Zona®:
rana afelpada

PRIMARIOS MAYORES: LECCIÓN 12

Historia de la

Rap de Juan el Bautista

por LeeDell Stickler

Este es un estilo de rap modificado. El rap no rima excepto en la respuesta que los estudiantes repetirán. Sin embargo, tiene un ritmo distintivo. El patrón se forma en dos líneas pareadas:

Línea uno: da da **DA** da da **DA** da da **DA** da
Línea dos: da da **DA** da da **DA** da da **DA**

Practiquen diciendo la sección de la respuesta rimada (en negritas) poniéndole ritmo (acentuando las sílabas adecuadas).

En la Biblia leemos de un siervo,
Lo llamaban por nombre, Juan.
Él vivía en el lejano desierto
Anunciaba un mensaje de amor.
De él salió una fuerte voz,
Que clamaba en el mundo a pulmón:
"Oigan, pecadores, el tiempo llega ya.
Se arrepienten o el reino vendrá."

Juan el Bautista está en el río,
Diciendo: se tienen que arrepentir
Juan el Bautista está en el río,
Esperando al Mesías, enviado de Dios.

Ahora todos se van al desierto,
Pues a Juan quieren muchos oír.
"Dinos, Juan, ¿eres tú el Mesías?
¿En verdad te ha mandado el Señor?
Y si no, quizás seas Elías,
O tal vez el esperado profeta."
Pero Juan despacio niega,
"No, sólo soy una voz".

Juan el Bautista está en el río,
Diciendo: se tienen que arrepentir
Juan el Bautista está en el río,
Esperando al Mesías, enviado de Dios.

Reproducible 12A
Permiso de fotocopiado otorgado para uso de la iglesia local. © 2007 Abingdon Press.

"Oigan bien y les señalo el camino:
Soy la voz, pero no la Verdad.
Lo que digo a aquellos que escuchen,
Que preparen camino al Señor.
Yo bautizo con agua a la gente,
Mas quien viene distinto hará.
Un bautizo de Espíritu ofrece,
Y a al pueblo de Dios reunirá."

**Juan el Bautista está en el río,
Diciendo: se tienen que arrepentir
Juan el Bautista está en el río,
Esperando al Mesías, enviado de Dios.**

"Él vendrá algún día, les aseguro.
Nadie sabe ahora quién es.
Más, él vive entre nosotros,
A su momento, él dirá."
Un buen día en el río,
Juan entre la gente un rostro familiar ve.
"Ahí está, él es de quien yo hablaba.
El Amado Cordero de Dios."

**Juan el Bautista está en el río,
Diciendo: se tienen que arrepentir
Juan el Bautista está en el río,
Esperando al Mesías, enviado de Dios.**

Y Jesús llega hasta el río,
¡Le pide el bautizo a Juan!
Lo que sigue a todos maravilla:
Tras salir de las aguas del río,
Mira al cielo abrirse ante él.
Cual paloma desciende el Espíritu de Dios.
Y se escucha una en fuerte voz:
"Es mi Hijo, tan amado por mí".

**Juan el Bautista está en el río,
Diciendo: se tienen que arrepentir
Juan el Bautista está en el río,
Esperando al Mesías, enviado de Dios**

¿Dónde está Dios?

Dios viene a nosotros en muchas formas. A veces sentimos que es difícil encontrar a Dios en el mundo ocupado de hoy. Dios siempre está disponible. Si hacemos un esfuerzo especial, podemos ver a Dios sin importar dónde estemos. Podemos encontrarle:

En los cánticos de alabanza que cantamos a Dios.
Cuando pasamos tiempo ayudando a otras personas.
Cuando platicamos con un amigo.
Cuando vemos a un recién nacido.
Cuando sembramos una semilla y la vemos crecer.
Cuando somos tentados para hacer mal.
Cuando leemos la Biblia.
Cuando oramos.

Busca en los dibujos y encuentra las palabras que están en la lista de ocasiones en que podemos encontrar a Dios. Hay diez palabras escondidas en los dibujos.

Escoja una o más actividades para sumergir a sus estudiantes en la historia bíblica

Palomas de relevos

Haga copias de los patrones de la concha y la paloma que están en la página 171. Necesitará dos juegos, uno para cada equipo. Pegue las palomas al piso con cinta adhesiva, de manera casual y tan separadas unas de otras como sea posible. Usa cinta adhesiva para paquete para marcar una línea de salida para cada equipo.

Divida al grupo en dos equipos.

Diga: Las palomas que ven en el suelo representan a la paloma del Espíritu Santo que vino a Jesús en su bautismo. La concha es nuestro símbolo para el bautismo. En cada paloma está escrita una parte del versículo de hoy. En la concha está escrita la referencia bíblica. Hay dos juegos de conchas y palomas en el suelo. Su objetivo es completar un juego y armar el versículo detrás de la línea de salida. Cuando baje la banderita de carreras, la primera persona de cada equipo saldrá corriendo y escogerá una concha o una paloma para llevársela a su equipo. Una vez que esté acomodada en el suelo, la segunda persona irá corriendo por otra concha o paloma, así sucesivamente. Si en algún momento tienen dos conchas idénticas, la siguiente persona deberá llevarla de regreso y escoger otra.

Cuando ambos equipos completen el versículo, léanlo todos juntos.

Materiales:
patrones de paloma y concha (p. 171)

Accesorios de Zona®:
banderitas plásticas de carreras

Localiza en el mapa

Proyecte el mapa de la **transparencia 1** en la pared y pídale a un estudiante que localice el río Jordán, donde Jesús fue bautizado.

Materiales:
Transparencia 1

Accesorios de Zona®:
ninguno

Pinta con arena

Mezcle arena con pintura al temple seca metiendo ambas en una bolsa de plástico resellable y sacudiéndolas. Ponga la mezcla en recipientes chicos o en jarras con orificios en la tapa. Eche diferente color en cada jarra. Entregue a sus estudiantes botellas de pegamento y papel de construcción para que dibujen diseños con el pegamento y para que luego los rocíen por encima con arena. (Sugiérales que diseñen palomas o conchas para representar el bautismo.) Sacuda con gentileza el exceso de arena, usando un papel para recoger la arena y devolverla a los recipientes. Se debe aplicar un solo color a la vez y ser cubierto por completo, además se debe sacudir el exceso de arena antes de pasar a próximo color. Si quieren un sólo color en un área más grande, pueden decidir aplicar el pegamento con pinceles o con palillos con punta de algodón

Materiales:
arena blanca o ligeramente coloreada
pintura al temple seca
bolsas de plástico resellables
pegamento blanco
papel de construcción
recipientes pequeños o jarras con orificios en la tapa
pinceles o palillos con punta de algodón

Accesorios de Zona®:
ninguno

PRIMARIOS MAYORES: LECCIÓN 12

 de Vida

Escoja una o más actividades para que la Biblia cobre significado en la vida diaria.

Materiales:
pizarrón blanco/negro o hoja grande de papel y cinta adhesiva
marcador o tiza

Accesorios de Zona®:
ninguno

Rebelde con causa

Pregunta: ¿Cómo definirías "rebelión"? *(Desacuerdo, revuelta, resistencia, discusión, derrocamiento, rehusarse a cooperar, motín, alboroto, quitar a los líderes, furia, llegar al límite, llamar al cambio, conflicto con la autoridad.)* **Algunos dicen que Juan el Bautista era un rebelde. Él no estaba de acuerdo con los líderes religiosos. Voy a leerles varias descripciones de situaciones, y ustedes decidirán si son lo suficientemente importantes como para rebelarse. Si deciden que sí, vayan a una esquina.** *(Designe cuál.)* **Si deciden que no, se van a la otra esquina. Si no están seguros, quédense en medio.**

En cada situación, pregúnteles si les gustaría compartir, con sus compañeros, por qué escogieron una cosa u la otra. También pregúntales con quién se quejarían al respecto.

1. La misma persona siempre llega tarde a la clase. El maestro castiga a toda la clase, diciendo que los demás pudieron haber ayudado a esa persona a llegar a tiempo.
2. El personal del parque, donde tú patinas, ha puesto una señal que dice que el uso de patinetas ya no está permitido. La señal te envía a otro parque que está a muchas cuadras de distancia, pues tiene una sección especial para patinar.
3. Unos niños le faltan el respeto a cierto maestro. Ellos dicen cosas ruines a sus espaldas y escriben cosas poco amables en el pizarrón.
4. Es miércoles y hay espagueti en la cafetería, como todos los miércoles. Algunos estudiantes quieren que se cambie el menú.
5. Los acólitos de la iglesia siempre han sido chicos adolescentes. A algunas adolescentes y niñas les gustaría servir de esta manera.

Diga: Si tienes suficiente tiempo para tomar una decisión; ¿cuáles serían algunas maneras de saber si rebelarse o no en contra de algo? *(Investigar, reunir opiniones de otras personas en quienes confíes, leer la Biblia, orar.)*

Materiales:
Reproducibles 1E y 12E
tocadiscos de discos compactos
mesa de celebración
concha marina grande

Accesorios de Zona®:
discos compactos

Alabanza y oración

Con el cántico "He aquí, yo estoy contigo" **(Reproducible 1E; disco compacto, pista 4)**, invite a la clase a la mesa de celebración para el momento de Alabanza y oración. Encienda la vela. Pregunte cómo se relaciona la concha con la historia de hoy. Reparta las copias de "Si no defiendes algo…" **(Reproducible 12E; disco compacto, pista 25)**. Pregunte qué dice la letra del cántico acerca de defender las cosas en que creemos. Canten juntos.

Ore así: Amado Dios, a veces es difícil defender aquello en lo que creemos. Ayúdanos a darnos cuenta de tu presencia y a estar listos para defender lo correcto. Amén.

Haga una copia de Zona Casera® para cada estudiante.

ZONA BÍBLICA®

Casera para estudiantes

HAZ UNA IMPRESION

Cuando alguien hace una impresión en nosotros, significa que esa persona ha tocado nuestras vidas. Juan el Bautista hizo una impresión en la vida de la gente cuando les dijo que debían arrepentirse porque ya venía el Mesías. Haz otro tipo de impresión con tu mano.

Vas a necesitar: 3 tazas de polvo de yeso (disponible en una ferretería), una bolsa grande de plástico resellable y una molde de aluminio para tartas.

1. Pon las tres tazas de polvo de yeso y una taza de agua en la bolsa de plástico. Estruja con cuidado la mezcla hasta que parezca pasta para pastel y todos los grumos hayan desaparecido.
2. Pasa la mezcla de la bolsa al molde de aluminio.
3. Alisa la mezcla y presiona firmemente tu mano en el yeso para hacer una buena impresión.
4. Espera unas cuantas horas hasta que el yeso esté completamente seco antes de removerlo del molde.

Haz una moldura de yeso:
Si quieres hacer una moldura de yeso, necesitarás los materiales de arriba, más 3 tazas adicionales de yeso, vaselina (disponible en una farmacia), arena y pintura vegetal.

1. Después que se seque el molde, embadúrnalo con vaselina para que sea más fácil remover la moldura.
2. Mezcla otro tanto de yeso, esta vez añadiéndole algo de arena y pintura vegetal.
3. Pon la mezcla sobre tu molde, que ha sido cubierto de vaselina.
4. Permite que se seque por completo.
5. Introduce un clavo delgado por las orillas y separa la prueba del molde.

NOTA: Nunca pongas el yeso al chorro del agua, no lo eches al desagüe porque se atascará. Deséchalo solamente en el bote de basura.

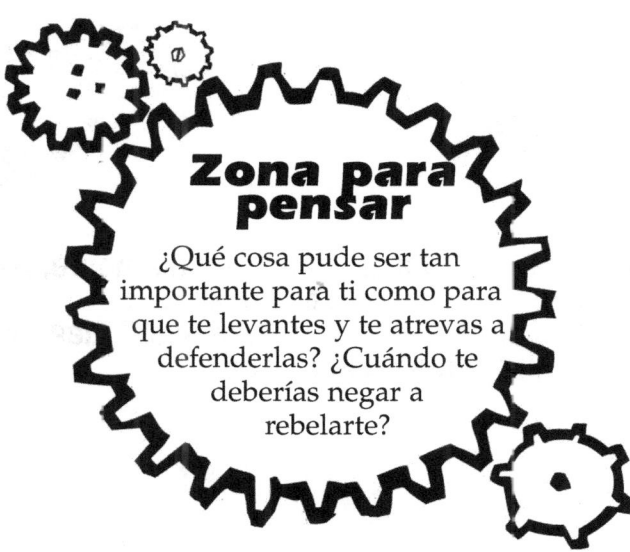

Zona para pensar

¿Qué cosa pude ser tan importante para ti como para que te levantes y te atrevas a defenderlas? ¿Cuándo te deberías negar a rebelarte?

Platillo desértico

Dora una libra de carne para hamburguesa y escúrrele toda la grasa. Añádele unas cuantas rodajas de cebolla, si lo deseas. Vierte una lata de sopa condensada de vegetales y ponla a calentar. Déjala en el fuego cerca de 10 minutos hasta que espese un poco. Sirve sobre arroz cocido.

Versículo para memorizar

Súbete, Sión, a la cumbre de un monte, levanta con fuerza tu voz para anunciar…: "¡Aquí está el Dios de ustedes!" Llega el Señor, con poder.

Isaías 40:9-10a

Dios viene a nosotros de muchas formas.

Permiso de fotocopiado otorgado para uso de la iglesia local. © 2007 Abingdon Press.

PRIMARIOS MAYORES: LECCIÓN 12

Búsqueda bíblica

Súbete (...) a la cumbre de un monte, levanta con fuerza tu voz para anunciar (...):
"¡Aquí está el Dios de ustedes!" Llega ya el Señor, con poder.
(Isaías 40:9-10, adaptado)

El profeta Isaías habló de una persona que anunciaría la venida del Mesías (alguien que nos salvaría). Un hombre llamado Juan anunció la venida de Jesús, el Mesías. Él también bautizó a las personas, quienes cambiaron su modo de vivir y se volvieron a Dios. Le llamaban Juan el Bautista.

Lee acerca de Juan el Bautista y sobre cómo él bautizó a Jesús, en Mateo 3:1-17 y en Lucas 3:1-21.

Reproducible 12D

Cántico de

Si no tomas postura

Coro:
Si no tomas postura,
cualquier cosa creerás.
Si tú no tomas postura,
pronto caerás.
Tarde o temprano, tendrás que decidir.
Si tú no tomas postura,
pronto caerás.

Verso 1
Si en tu peregrinar, muchos caminos has de ver,
muchas opciones tú te toparás.
Fácil no siempre será, desanimarte tú no harás.
Dios contigo estará para guiarte y darte fe.

Coro

Verso 2
Si el camino es rudo y te tratan hoy de desviar,
no te dejes convencer, y líbrate.
Dios hará un camino y responderá a tu clamor.
Dios contigo estará para dar lo mejor de ti.

Coro

Verso 3
Y si crees haber llegado en victoria al final,
no descuides nunca, no, tu caminar.
Un camino nuevo a tus pies el buen Dios hoy pondrá.
Ha llegado el día de tomar tu vida en pos de Dios.

Coro

LETRA: Mark Burrows; trad. por Julito Vargas
MÚSICA: Mark Burrows
© 2002; trad. © 2007 Abingdon Press, admin. por The Copyright Co., Nashville, TN 37212

13 ZONA Bíblica

Jesús en el desierto

Entra a la ZONA

Versículo bíblico
La Escritura dice: "Adora al Señor tu Dios, y sírvele sólo a él".

Mateo 4:10

Historia bíblica
Mateo 4:1-11; Lucas 4:1-13

Juan surge del desierto, llamando a las personas a arrepentirse y a ser bautizadas en preparación para la venida del Mesías. Uno de los que escuchan ese llamado es su propio primo, a quien Juan declara ser el esperado Mesías. ¿Cómo responde Jesús? Se dirige inmediatamente a ese lugar de prueba y descubrimiento personal; el desierto.

El hambre comienza a consumir los pensamientos de Jesús. Luego de cuarenta días se da cuenta del impacto físico y espiritual que ocasiona el hambre, y se identifica con todas aquellas personas que sufren de hambre física y espiritual. Las piedras, suavizadas por siglos de abrasivas tormentas de arena, le recuerdan las hogazas de pan, entonces se ve tentado a usar su habilidad divina para transformar las piedras en pan, no sólo para alimentarse él mismo, sino también a todas las personas hambrientas del mundo. Pero se resiste al percatarse de que hace falta más que pan para transformar el mundo.

Después Jesús considera hacer un espectacular despliegue de sus poderes divinos. Si se lanzara del punto más alto del Templo, por supuesto que Dios intervendría para salvarle, probándoles a todos que él es el Mesías. Nuevamente resiste la tentación de llamar la atención sobre su persona en vez de hacerlo sobre Dios.

La tentación final sucede en lo alto de una montaña. Si él se inclinara a los deseos mundanales, si decidiera seguir al adversario, Satán, entonces todo el mundo se inclinaría con reverencia ante él. Pero Jesús elige adorar a Dios en vez de buscar ser adorado.

Así pues, Jesús dejó el desierto luego de haber triunfado sobre la tentación, llamó a las personas a ser discípulas y discípulos suyos, escogió a doce de ellos para que caminaran a su lado y experimentaran a Dios de primera mano. Luego enviaría al Espíritu Santo para que, cuando él no estuviese, facultara a sus seguidores a: perseverar, resistir la tentación, enfocarse en Dios y llamar a otras personas a hacer lo mismo. Jesús no necesitó despojarse de su humanidad para triunfar, tampoco sus discípulos. Si hallamos la divinidad dentro de nosotros, podemos permanecer firmes ante la tentación y así glorificar a Dios.

Dios nos ayudará cada vez que seamos tentados a hacer lo malo.

Vistazo a la

ZONA	TIEMPO	MATERIALES	ACCESORIOS DE ZONA
Acércate a la zona			
Entra a la Zona	5 minutos	ninguno	ninguno
Mesa de celebración	5 minutos	mesa pequeña, mantel blanco, retazos de telas de colores, vela, Biblia, calendario	ninguno
He sido tentado	5 minutos	ninguno	ninguno
Zona Bíblica			
Disfruta la historia	10 minutos	Reproducibles 13A-B	rana afelpada
Bádminton del versículo	5 minutos	Papel de construcción, marcador, cinta adhesiva para paquetes	gallitos plásticos de bádminton
Margaritas al aire	5 minutos	ninguno	margaritas inflables
Zona de Vida			
Bolsillos poderosos	10 minutos	Reproducible 13C, sobres, crayones o marcadores, tijeras (opcional: pantalones de mezclilla viejos)	ninguno
Alabanza y oración	5 minutos	Reproducibles 1E y 13D-E, tocadiscos de discos compactos, mesa de celebración, calendario	disco compacto

Los Accesorios de Zona® se encuentran en el Paquete de **DIVERinspiración®**.

PRIMARIOS MAYORES: LECCIÓN 13

Acércate a la

Escoja una o más actividades para capturar el interés de sus estudiantes.

Materiales:
ninguno

Accesorios de Zona®:
ninguno

Entra a la Zona

Saluda a cada estudiante con una alegre sonrisa.

Diga: ¡Bienvenidos a la Zona Bíblica! Estoy feliz de que estén aquí.

Materiales:
mesa pequeña
mantel blanco
retazos de telas de colores
vela
Biblia
calendario

Accesorios de Zona®:
ninguno

Mesa de celebración

Pídale a un niño o a una niña que haya llegado temprano que le ayude a preparar la mesa de celebración. Prepare la mesa con el color apropiado, la vela y la Biblia, de acuerdo con las instrucciones de la página 12. Para esta sesión ponga un calendario junto a la vela.

Materiales:
ninguno

Accesorios de Zona®:
ninguno

He sido tentado

Diga: Formen un grupo compacto, conmigo en el centro. Si yo menciono algo a lo que se han visto tentados, den un paso atrás. Si es algo que nunca los ha tentado, den un paso hacia el centro, o quédense donde estén si es que ya están en el centro. Esto no es acerca de si han cedido a la tentación, sino de si han sido tentados.

He sido tentado a comer bocadillos antes de la comida.
He sido tentado a simular que estoy enfermo con tal de quedarme en la casa y no ir a la escuela.
He sido tentado a maldecir cuando hago algo torpe.
He sido tentado a copiarme durante una prueba.
He sido tentado a pasar un rumor que escuché.
He sido tentado a atribuirme el mérito de algo que hizo otra persona.
He sido tentado a culpar a otra persona por algo que yo hice.
He sido tentado a no hacer mis quehaceres.
He sido tentado a esconderme de alguien que quiere jugar conmigo.
He sido tentado a tocar algo que no debo tocar.
He sido tentado a decirle a alguien que no me gustó el regalo que me dio.
He sido tentado a tirar algo que puede ser reciclado.
He sido tentado a jactarme de mi talento.
He sido tentado a menospreciarme por haber hecho algo mal.
He sido tentado a ir a donde no debo.

Pida a sus estudiantes que escojan a un compañero o compañera para discutir cómo se sienten en cuanto el lugar donde terminaron al final de la actividad.

Diga: Una cosa que todos los seres humanos tienen en común es que pasan por tentaciones. Eso incluye a Jesús. La historia de hoy es acerca de cómo fue tentado.

Escoja una o más actividades para sumergir a sus estudiantes en la historia bíblica.

Disfruta la historia

Reparta copias de los **Reproducibles 13A-B** y todos juntos observen los dibujos en cada recuadro.

En cada recuadro, pregunte a sus estudiantes qué estaría pensando Jesús en ese momento. Pasa a Faraona la rana a cada estudiante que tenga algo que comentar.

Materiales:
Reproducibles 13A-B

Accesorios de Zona®:
rana afelpada

Bádminton del versículo

Necesitará trece hojas de papel de construcción para este juego. Escriba una palabra del versículo en cada hoja.

Use cinta adhesiva para paquetes para pegar de manera casual las hoja de papel de construcción por todo el salón. Asegúrese de que las palabras del versículo no están en orden.

Entregue a cada estudiante un gallito de bádminton; ésa será su pieza de juego. El objetivo el juego es lanzar el gallito de manera que peguen en los pedazos de cartoncillo con las palabras del versículo. Cuando un gallito pegue en una palabra, el niño o la niña escribirá esa palabra en su hoja. Las palabras deben ser coleccionadas en el orden del versículo.

Materiales:
papel de construcción
marcador
cinta adhesiva para paquetes

Accesorios de Zona®:
gallitos plásticos de bádminton

Historia de la

Sabiduría del desierto

Basada en Mateo 4:1-11 y Lucas 4:1-13

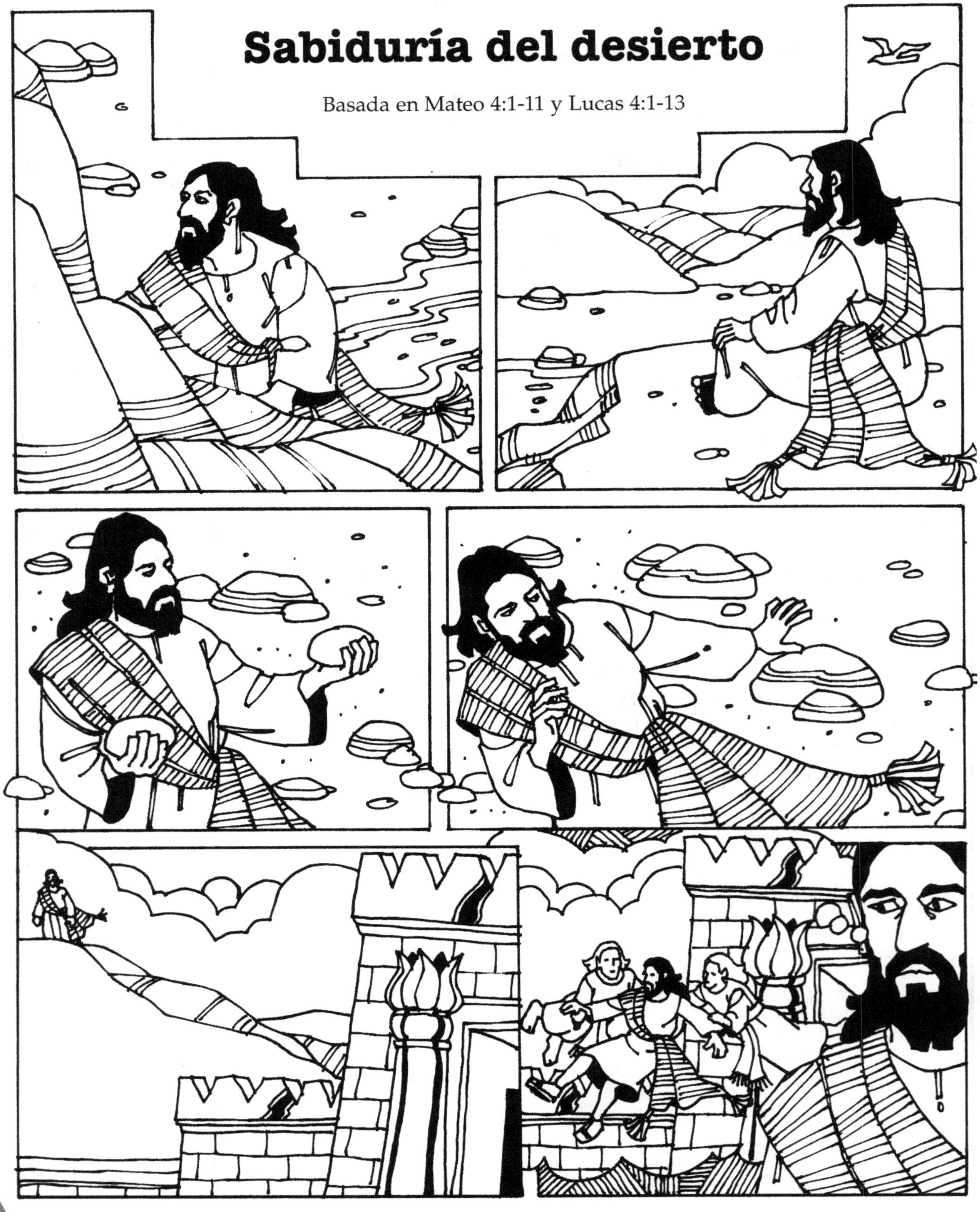

Bolsillos poderosos

Un bolsillo poderoso es una herramienta que te ayudará a recurrir a Dios en los momentos que seas tentado a hacer algo indebido. Te ayudará a recordar hablar con Dios regularmente. Pon los versículos en el bolsillo para sacarlos cuando los necesites, o pon tus propias oraciones. Para hacer un bolsillo poderoso, escoge un sobre nuevo que quepa en tu Biblia. Sella el sobre y córtalo a lo largo de la parte de arriba para formar un bolsillo. Decóralo por fuera y rotúlalo como "Mi Bolsillo Poderoso". Recorta los textos bíblicos e introdúcelos en el bolsillo.

El Señor es mi ayuda; no temeré. ¿Qué me puede hacer la gente? (Hebreos 13:6)

El Señor ha prometido: "Nunca te dejaré ni te abandonaré". (Hebreos 13:5)

Pídele a Dios que bendiga a quienes te maltratan. Bendícelos y no los maldigas. Alégrate con los que están alegres y llora con los que lloran. (Romanos 12:14-15)

No maltrates a alguien que te ha maltratado; no pagues a nadie mal por mal. Pero trata de ganarte el respeto de los demás, y haz cuanto puedas por vivir en paz con todos. (Romanos 12:17-18)

Estoy convencido de que nada podrá separarnos del amor de Dios: ni la muerte, ni la vida, ni los ángeles, ni los poderes y fuerzas espirituales, ni lo presente, ni lo futuro, ni lo más alto, ni lo más profundo, ni ninguna otra de las cosas creadas por Dios. ¡Nada podrá separarnos del amor que Dios nos ha mostrado en Cristo Jesús nuestro Señor! (Romanos 8:38-39)

Yo les digo que no se preocupen por lo que han de comer o beber para vivir, ni por la ropa que necesitan para el cuerpo. ¿No vale la vida más que la comida y el cuerpo más que la ropa? Miren las aves que vuelan por el aire: no siembran ni cosechan ni guardan la cosecha en graneros; sin embargo, el Padre de ustedes que está en el cielo les da de comer. ¡Y ustedes valen más que las aves! (Mateo 6:25-26)

El Señor dice: "Mis ojos están puestos en ti. Yo te daré instrucciones, te daré consejos, te enseñaré el camino que debes seguir". (Salmo 32:8)

Señor, muéstrame tus caminos; guíame por tus senderos; encamíname en tu verdad, pues tú eres mi Dios y Salvador. ¡En ti confío a todas horas! (Salmo 25:4-5)

¡Sólo tú eres Dios! Sólo tú eres mi roca poderosa. Tú eres quien me da fuerzas, quien hace intachable mi conducta. (Salmo 18:31-32)

En paz me acostaré, y asimismo dormiré, porque sólo tú, Jehová, me haces vivir confiado. (Salmo 4:8)

Escoja una o más actividades para sumergir a sus estudiantes en la historia bíblica.

Margaritas al aire

Pídales a sus estudiantes que formen dos filas, guardando una distancia de seis pies entre una fila y otra. Entregue a cada fila una **margarita inflable**.

Diga: Jesús fue al desierto a orar para saber lo que haría en su ministerio. Durante este tiempo Jesús tuvo todas las oportunidades para alejarse de Dios. Pero a pesar de esto, Jesús se mantuvo firme. En este juego, cada fila lanzará la margarita hacia la otra fila. El lanzador o lanzadora dirá la primera parte del versículo "Adora al Señor tu Dios", El que la atrape responderá: "Y sírvele sólo a él". Cada vez que el versículo se complete, el equipo que atrape la margarita recibe un punto. Si el niño o la niña de un equipo olvida las palabras apropiadas, pierde el punto, aunque haya atrapado la flor.

Dígales que el objetivo del juego es conseguir tantos puntos como sea posible. Para evitar un mal lanzamiento, escoja a un niño o a una niña para que haga las veces de juez. El juez debe prestar mucha atención por si hay un desacuerdo, entonces el o ella deberá decidir quién tiene la razón. Un mal lanzamiento es, por ejemplo, que lo vuelvan a tirar cuando se equivocaron, si el juez considera que a sido intencional, el otro equipo perderá un punto.

Anime a sus estudiantes a tratar de conseguir la mayor cantidad de puntos posible.

Pregunte: ¿Fue difícil recordar el responder con la segunda parte del versículo? ¿Es difícil recordar poner a Dios en primer lugar en todo lo que haces? ¿Cómo podemos recordar esto?

Materiales:
ninguno

Accesorios de Zona®:
margaritas inflables

PRIMARIOS MAYORES: LECCIÓN 13

 de Vida

Escoja una o más actividades para que la Biblia cobre significado en la vida diaria.

Materiales:
Reproducible 13C
sobres
crayones o marcadores
tijeras
opcional: pantalones de mezclilla viejos (jeans)

Accesorios de Zona®:
ninguno

Bolsillos poderosos

El bolsillo poderoso tendrá poderosos versículos a los cuales sus estudiantes podrán recurrir por ayuda cuando sean tentados a no seguir la dirección divina. Puede hacerse con un sobre, o si tienes acceso a pantalones de mezclilla (jeans) viejos, sus bolsillos recortados podrían ser populares para los niños y las niñas de cuarto, quinto y sexto grados.

Saque copias del **Reproducible 13C**, una para cada estudiante. Lea la información en la hoja y provéales los materiales.

Materiales:
Reproducibles 1E, 13D y 13E
tocadiscos de discos compactos
mesa de celebración
calendario

Accesorios de Zona®:
disco compacto

Alabanza y oración

Con el cántico "He aquí, yo estoy contigo" **(Reproducible 1E; disco compacto, pista 4)**, invite al grupo hacia la mesa de celebración para el momento de Alabanza y oración. Encienda la vela y haga notar el color apropiado de la temporada, así como el calendario en la mesa.

Diga: En la historia de hoy vimos cómo Jesús se dirigía a Dios cuando necesitaba su dirección, y hemos hablado de cuán importante es confiar en Dios cada día. ¿Por qué suponen que tenemos un calendario en la mesa de celebración? *(Dios está presente todo el tiempo, cada día del año, para ofrecernos su dirección.)*

Reparta las fotocopias de "Escucha, Israel" **(Reproducible 13E; disco compacto, pista 22)** y anime a sus estudiantes a que canten junto a usted. (Este cántico también se usó en la sesión 10.)

Diga: Mientras cantan esta vez, recuerden cómo Jesús fue tentado para alejarse de Dios y así depender de su propia su fortaleza, pero él rechazó esta tentación y eligió adorar sólo a Dios.

Reparta las copias del **Reproducible 13D** y lean juntos la letanía. Asigne a algunos estudiantes para las diferentes lecturas.

Haga una copia de Zona Casera® para cada estudiante.

ZONA BÍBLICA®

Casera para estudiantes

Cosecha de pan

Cuando Jesús estaba en el desierto, fue tentado a convertir las piedras en pan. Más tarde él compartió pan en su última cena con sus discípulos. Haz una hogaza de pan con la forma de una gavilla de trigo.

1. Compra masa congelada de pan y saca suficiente cantidad para dos hogazas de pan (o usa una receta básica de masa de pan para dos hogazas). Cuando la masa se descongele, pon aparte una taza de la pasta y amasa el resto de ambas hogazas juntas.
2. Pon la masa en una lámina de hornear engrasada y forma una hogaza ovalada de cerca de 15 pulgadas de largo, 8 pulgadas de ancho en la parte de arriba y 5 pulgadas de ancho en la base.
3. Para hacer que la hogaza luzca como una gavilla de trigo, utiliza un cuchillo para cortar tiras de pasta de ½ pulgada de ancho por 9 pulgadas hacia abajo desde la parte de arriba. Separa levemente hacia fuera las tiras de masa; esto dará forma a la parte de los granos de la gavilla de trigo.
4. Raya (corta, pero no por completo) de manera vertical la base de la hogaza para formar los tallos del trigo. No necesitas separarlos.
5. Divide en tres porciones iguales el resto de la pasta que pusiste aparte. Haz tiras o rollitos de 8 pulgadas de largo y trénzalos. Coloca las tiras trenzadas a través de la hogaza, entre las dos secciones cortadas para que parezca que es una cinta que detiene la gavilla. Oculta los extremos de la trenza bajo la hogaza.
6. Cubre la hogaza con un paño limpio y húmedo y deja que se esponje en un lugar cálido hasta que haya adquirido el doble del tamaño. Hornea según las indicaciones del paquete o receta. Cuando esté horneado, ponlo en una rejilla de alambre para que se enfríe.

Zona para pensar

¿Cuándo me detengo para centrarme en Dios? ¿Cómo me ayuda el tener un lugar apartado en el cual pueda tener tiempo para la oración y la meditación silenciosa?

ESPACIO PARA MEDITAR

Crea un lugar en tu casa a donde puedas apartarte para centrar tus pensamientos en Dios. Pon una Biblia, una vela y una cruz en una mesa pequeña. Quizá tengas una foto de Jesús que te gustaría usar. Cuando lleves a casa algo de la clase para acordarte de la lección, ponla también en la mesa. Si tienes un tocadiscos de discos compactos o de casete, toca algunos cánticos cristianos.

Versículo para memorizar

La Escritura dice: "Adora al Señor tu Dios, y sírvele sólo a él."

Mateo 4:10

Dios nos ayudará cada vez que seamos tentados a hacer lo malo.

Permiso de fotocopiado otorgado para uso de la iglesia local. © 2007 Abingdon Press.

Dios es mi ayuda

Líder: La Escritura dice: "Adora al Señor tu Dios, y sírvele sólo a él".

Niños: Te adoraremos a ti, oh Dios. Tú eres poderoso y amoroso.

Niñas: Te adoraremos a ti, oh Dios. Tú eres grandísimo y justo.

Todos: ¡Venimos ante tu presencia con regocijo!

Líder: Dios nos ayudará siempre que seamos tentados para hacer lo malo.

Voz 1: Hay veces que me quiero olvidar de la escuela y dormir hasta el mediodía.

Todos: Dios nos ayudará.

Voz 2: Hay veces que quiero gritarle cosas terribles a alguien.

Todos: Dios nos ayudará.

Voz 3: Hay veces que quisiera cubrir mi error con una mentirita blanca.

Todos: Dios nos ayudará.

Voz 4: Hay veces que quiero ignorar a mis papás cuando me piden que haga algo.

Todos: Dios nos ayudará.

Voz 1: Hay veces que quisiera golpear muy fuerte a alguien.

Todos: Dios nos ayudará.

Voz 2: Hay veces que quiero gastar todo mi dinero en mí mismo.

Todos: Dios nos ayudará.

Voz 3: Hay veces que quiero ir a ver una película que no es para mi edad.

Todos: Dios nos ayudará.

Voz 4: Hay veces que quiero copiarme de la tarea de otra persona.

Líder: Para éstas y otras ocasiones en que seamos tentados para hacer algo que sabemos está mal, te pedimos tu ayuda, oh Dios.

Todos: Somos solamente humanos, pero sabemos que tú nos vas a guiar, Dios. Gracias por esa ayuda. Amén.

Reproducible 13D

ZONA BÍBLICA

Permiso de fotocopiado otorgado para uso de la iglesia local. © 2007 Abingdon Press.

Cántico de

Escucha, Israel

Escucha Israel,
Es uno nuestro Dios.

Amarás a Dios con todo el corazón.
Amarás a Dios con toda tu alma.

Amarás a Dios con toda tu mente.
Amarás a Dios con toda tu alma.

Amarás a Dios
con todo el corazón,
con toda tu alma,
con toda tu mente.

Y ¿cuál es el versículo?
Deuteronomio seis, cuatro a cinco.

LETRA: Bob Ropiak; trad. por Julito Vargas
MÚSICA: Bob Ropiak
© 1983; trad. © 2007 Straightway Music. Admin. por EMI Christian Publishing.
Todos los derechos reservados. Derechos internationales asegurados. Usada con permiso

Zona de Arte

Taburetes de tres patas

Cuando los israelitas se sentaban en torno a una fogata, tal vez usaban taburetes como éstos. Deje que sus estudiantes hagan estos taburetes de tres patas para que se sienten alrededor de la fogata simulada.

Va a necesitar tres palitos de madera por estudiante. Deben ser gruesos y resistentes, de más o menos una pulgada de espesor y un pie de largo.

Durante la clase, pida que cada estudiante enrede los tres palitos con una cuerda dando varias vueltas para atarlos bien. Pídales que enreden la cuerda muy apretada y que rematen la cuerda con un nudo fuerte.

Cuando todos los atados de palitos estén bien amarrados, muéstreles cómo asir los extremos de dos de los palitos y torcerlos para separarlos unos de otros para abrir el atado y convertirlo en un taburete de tres patas. Anímeles a sentarse en sus taburetes.

Escultura del mar

Deje que sus estudiantes escojan varias conchas marinas. Entregue a cada uno un vaso de cartón. Pida que acomoden como quieran su concha en el vaso. Sugiérales que pongan las conchas de manera que no sobresalgan del vaso, sino que queden como a la mitad.

Prepare una mezcla de yeso hasta obtener la consistencia deseada. Deje que sus estudiantes viertan la mezcla en sus vasos sólo hasta que cubran las conchas.

Una vez que el yeso se haya endurecido por completo (probablemente hasta el siguiente domingo), pídales que desprendan los vasos de sus esculturas marinas.

 de Comida

Bebidas deliciosas

Cuando los israelitas viajaban sedientos por el desierto, Dios les proveía de agua. Deje que sus estudiantes preparen unas deliciosas bebidas, aunque no se estén muriendo de sed.

Batido de naranja: usa una licuadora para mezclar cuatro tazas de helado de vainilla con 8 cucharadas de concentrado de jugo de naranja congelado, 4 tazas de nieve de naranja y 1 taza de leche. Licúe hasta que se suavice. Alcanza para 8 porciones.

Frío y frutal: combine jugo de naranja bien frío, jugo de uva o de manzana con ginger ale, club soda, Sprite, 7-Up, Sierra Mist, o algún otro refresco claro.

Batido de crema de cacahuate: use una licuadora para mezclar 1 taza de leche, 4 tazas de helado de vainilla, 4 cucharadas de crema de cacahuate y 4 cucharadas de mermelada de uva o fresa. Licúe hasta que se suavice. Alcanza para 8 porciones.

Brochetas de frutas

Va a necesitar: plátanos pelados y rebanados, trozos de piña y cerezas rojas.

Deje que los niños y las niñas hagan sus propias brochetas ensartando la fruta de su elección en una brocheta de madera o metal. Dígales que sumerjan sus brochetas en miel o almíbar de chocolate, ¡y a disfrutar!

 de Juego

Aventura en el desierto

Necesitará: una copia del tablero de "Aventura en el desierto" (páginas 172 y 173), un par de dados, fichas para avanzar y tarjetas de fichero.

Pegue las dos secciones del tablero y coloréelo.
Entregue a cada estudiante tres o cuatro tarjetas y pida que escriban una pregunta en cada una, acerca de las historias bíblicas de las que han estado aprendiendo durante la unidad. Cada vez que alguien llegue a una casilla con signo de interrogación, el jugador sacará una de estas tarjetas.

Pongan las fichas de avanzar en la salida. Hay que tirar los dados y avanzar el número de espacios indicados. Sigan las instrucciones de las casillas. El primer jugador en alcanzar el "Hogar dulce hogar" es el ganador.

Si un jugador llega a una casilla de "actividad", como pescar, explorar una cueva o acampar, el jugador debe mover su pieza al dibujo de esa actividad. En el siguiente turno el jugador debe tirar un número par con los dados para volver a entrar al juego.

Sugerencia: para conservar por más tiempo el juego, pegue el tablero en un pedazo de cartón, o a una tabla. Si tienes un grupo grande, prepare más de un tablero.

¿Te acuerdas?

Antes de la clase, llene una jarra grande y transparente (ya sea de vidrio o de plástico) con pequeños objetos tales como canicas, monedas, sujetapapeles, ligas, pelotitas y cosa por el estilo. Lleve una relación de lo que pongas en la jarra.

Pida a sus estudiantes que se sienten formando un círculo y coloque la jarra en el centro del círculo. Deje que estudien la jarra (sin tocarla) durante un minuto más o menos. Quite la jarra y póngala fuera del alcance de su vista.

Entregue a cada estudiante un pedazo de papel y un lápiz. Pídales que escriban tantos objetos de la jarra como puedan recordar. Después de tres minutos, revise cada lista, y corrobore quién tuvo más aciertos.

Rana al aire

Infle la rana de playa. Pida a la clase que puestos en pie formen un círculo.

Lance la rana playera y anime a los niños y a las niñas a que la mantengan en el aire el mayor tiempo posible. Diga que pueden usar la cabeza, los codos, las rodillas y los pies para golpear la pelota, pero no las manos.

Lanza y atrapa la pelota

Entregue a cada estudiante un vaso de plástico, cartón. Forme parejas y a cada pareja entrégueles un par de pelotitas saltarinas.

Pida a los integrantes de las parejas que se paren frente a frente, a unos cuatro pies de distancia. Anímeles a que se lancen la pelotita el uno al otro y que la atrapen en el vaso.

Para hacer el juego más interesante, divida al grupo en tríos o cuartetos, o pida que las parejas den un paso hacia atrás cada vez que logren una atrapada exitosa.

Pelotas musicales

Reúna a sus estudiantes alrededor de una mesa. Aleje las sillas de la mesa. Ponga las pelotas saltarinas alrededor de la mesa, asegurándose de que haya una pelota menos que el número de estudiantes.

Ponga la música del disco compacto. Mientras se escuche la música, sus estudiantes deberán marchar alrededor de la mesa, como Josué dirigió a los israelitas alrededor de la ciudad de Jericó. Cuando se detenga la música, cada estudiante debe agarrar una pelota. Quien no logre agarrar una queda fuera.

Continúe el juego, en cada ocasión retire otra pelotita, hasta que quede sólo quede una persona en el juego.

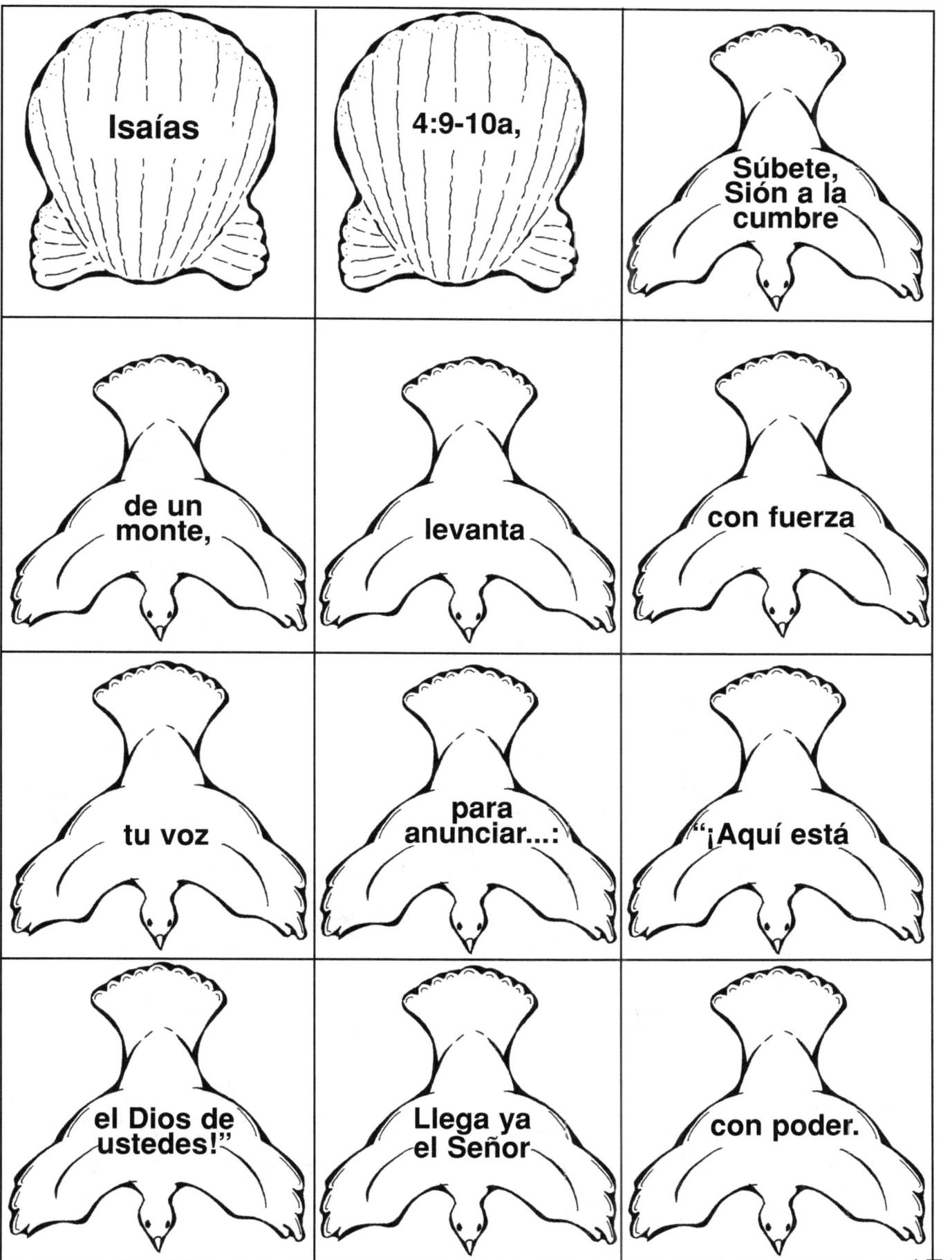

Haz una papirola "Dios cuida de nosotros" (lección 5)

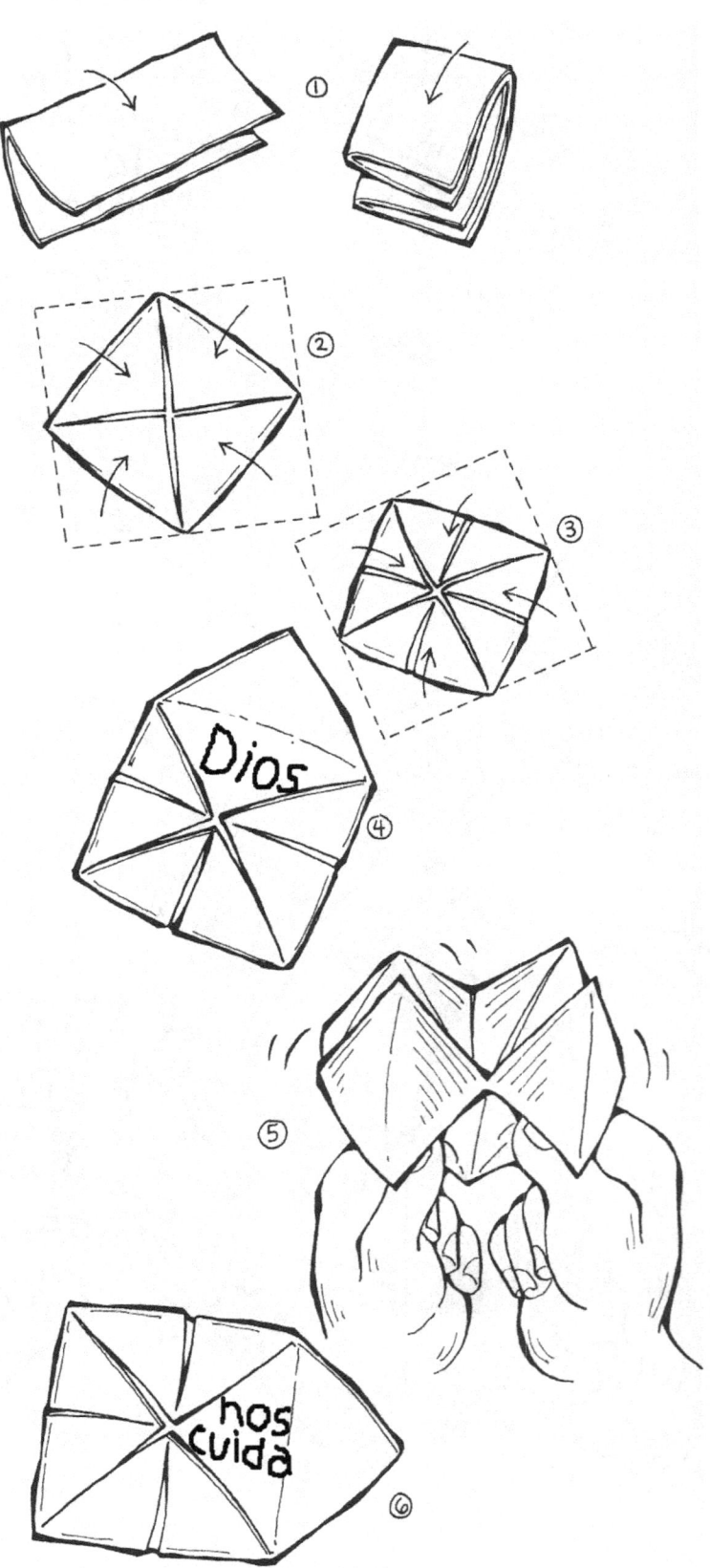

Puedes hacer una papirola que te recuerde que Dios nos cuida.

Vas a necesitar un pedazo de papel cuadrado y una pluma o lápiz.

1. Dobla el papel a la mitad y luego otra vez a la mitad.

2. Abre el papel y luego dobla las cuatro esquinas hacia el centro.

3. Ahora voltéalo; tienes nuevas esquinas para doblar hacia el centro.

4. Levanta cada pestaña y escribe debajo una palabra de esta oración: "Dios cuida de nosotros".

5. En la parte de abajo, tira de las pestañas, para hacer cuatro pequeños conos donde puedes poner tus dedos.

Cada vez que abras o cierres la papirola, puedes recordar que Dios nos cuida como si estuviéramos agarrados muy cerca de Dios.

Comentarios de usuarios

Use la siguiente escala para evaluar los recursos de ZONA BÍBLICA®
Si no usó alguna sección, escriba "no la usé" en el espacio para comentarios.

1 = En ninguna lección   2 = En algunas lecciones   3 = En la mayoría de las lecciones
4 = En todas las lecciones

1. *Entra a la Zona* proveyó información que me ayudó a enseñar la Escritura en la lección.

   1   2   3   4   Comentarios:

2. La tabla *Vistazo a la Zona* hizo fácil la planeación de la lección.

   1   2   3   4   Comentarios:

3. El plan de enseñanza fue organizado de manera que lo hizo fácil de usar.

   1   2   3   4   Comentarios:

4. La Guía del maestro proveyó instrucciones fáciles de seguir para las actividades de aprendizaje.

   1   2   3   4   Comentarios:

5. Pude encontrar fácilmente en mi casa o iglesia los materiales necesarios para hacer las actividades.

   1   2   3   4   Comentarios:

6. Mis estudiantes fueron capaces de entender las lecciones de En la Zona®.

   1   2   3   4   Comentarios:

7. Las actividades eran adecuadas para el nivel de aprendizaje y habilidades de mis estudiantes.

   1   2   3   4   Comentarios:

8. El número de actividades del plan de la lección funcionó bien para el tiempo que tenía disponible (indique cuánto tiempo) _____.

   1   2   3   4   Comentarios:

9. Usé las actividades de la sección Zona de Juego® de la Guía del maestro.

   1   2   3   4   Comentarios:

10. Usé las actividades de la sección Zona de Arte® de la Guía del maestro.

    1   2   3   4   Comentarios:

11. Usé el disco compacto en mi salón.

    1   2   3   4   Comentarios:

12. Usé los objetos del Paquete de DIVERinspiración® de la Zona Bíblica®.

    1   2   3   4   Comentarios:

13. Mandé a casa la hoja Zona Casera® para los padres.

    1   2   3   4   Comentarios:

14. Me gustaría ver las siguientes historias en Zona Bíblica®:

PRIMARIOS MAYORES

COMENTARIOS ADICIONALES

TÍTULO DE LA UNIDAD: EN LA CASA DE DIOS

Actividades que mis alumnos disfrutaron más:

Actividades que mis alumnos disfrutaron menos:

Usé Zona Bíblica® para_____Escuela dominical _____Segunda hora de Escuela dominical _____Iglesia de niños

_____miércoles por la noche _____domingos en la noche _____compañerismo infantil _____otro.

ACERCA DE MI GRUPO [CLASE]

Número de estudiantes y edades en mi grupo

_____9 años _____10 años _____11 años _____12 años

_____otra edad (especifique) _____

Número promedio de estudiantes que asistían a mi clase cada semana:_____

Enseñé: _____solo(a) _____con otro maestro(a) cada semana

_____tomando turnos con otros maestros _____con un ayudante adulto

ACERCA DE MI IGLESIA

_____rural _____pueblo pequeño _____central _____suburbana

_____menos de 200 miembros _____200-700 miembros _____más de 700 miembros.

Nombre y dirección de la iglesia: _____

Mi nombre y dirección: _____

> **Por favor mande este formulario a:**
> Amy Smith
> Departamento de Investigación
> 201 8th Ave., So.
> P.O. Box 801
> Nashville, TN 37202-0801

CRÉDITOS DEL DISCO COMPACTO

#1 – La bendición de Abraham
LETRA: Beth Parr; trad. por Julito Vargas
MÚSICA: Tradicional
©2001 Cokesbury; trad. © 2007 Abingdon Press, admin. por The Copyright Co., Nashville, TN 37212

#3 - Eres mío
LETRA: David Haas; trad. por Pablo Garzón
MÚSICA: David Hass
© 1986, trad. © 2007 G.I.A. Publications

#4 - Yo estoy contigo
LETRA: Génesis 28-15; trad. por Carmen Saraí Pérez
MÚSICA: Philip R. Dietrich
© 1969 Graded Press; trad. © 2007 Abingdon Press, admin. por The Copyright Co., Nashville, TN 37212

#5 - Dime, dime
LETRA: Jenni Duncan; trad. por Julito Vargas
MÚSICA: Tradicional
© 2007; trad. © 2007 Abingdon Press, admin. por The Copyright Co., Nashville, TN 37212

#6 - Más que las estrellas
LETRA: Mark Burrows; trad. por Julito Vargas
MÚSICA: Mark Burrows
© 2001; trad. © 2007 Abingdon Press, admin. por The Copyright Co., Nashville, TN 37212

#7 - Himno de promesa
LETRA: Natalie Sleeth; trad. Alberto Merubia
MÚSICA: Natalie Sleeth
© 1986; trad. © 1984 Hope Publishing Co., Carol Stream, IL 60188. Para pedir permiso de fotocopiar este himno, ponerse en contacto con Hope Publishing Co., 1-800-323-1049 o www.hopepublishing.com

#8 - La familia de Abraham
LETRA: Evelyn M. Andre; trad. por Julito Vargas
MÚSICA: Fuente desconocida; arr. por Nylea L. Butler-Moore
© Graded Press; arr. © 1993; trad. © 2007 Abingdon Press, admin. por The Copyright Co., Nashville, TN 37212

#9 - Cúan poderoso es Dios
LETRA: Anónimo; trad. por Diana Beach
MÚSICA: Anónimo
"Cúan poderoso es Dios" arreglo © 1996 Group Publishing, Inc. Todos los derechos reservados. No se permite la duplicación sin autorización. Usada con premiso

#10 - Señor prepárame
LETRA: John Thompson y Randy L. Scruggs; trad. por Diana Beach
MÚSICA: John Thompson y Randy L. Scruggs
© 1983; trad. © 2007 Full Armor / Whole Armor Music, admin. por The Kruger Corporation

#11- Estaré siempre contigo
LETRA: Génesis 28:15; trad. por Carmen Saraí Pérez
MÚSICA: June Fisher Armstrong
© 1990; trad. © 2007 CRC Publications. Todos los derechos reservados

#12 - Sé que el Espíritu
LETRA: Lanny Wolfe, 1977
MÚSICA: Lanny Wolfe, 1977
© 1977; trad. © Lanny Wolfe Music / ASCAP; admin. por Gaither Copyright Management

#13 – Baja, Moisés
LETRA: Espiritual afroamericano
MÚSICA: Espiritual afroamericano; adapt. y arr. por William Farley Smith
Adat. y arreg. © 1989 The United Methodist Publishing House, admin. por The Copyright Co., Nashville, TN 37212

#14 – Señor, tú me llamas
LETRA: Rubén Jiménez, c. 1977
MÚSICA: Rubén Jiménez, c. 1977
© 1978 Casa Bautista de Publicaciones

#15 – Ve ahora en paz
LETRA: Natalie Sleeth; trad. por Carmen Saraí Pérez.
MÚSICA: Natalie Sleeth.
© 1976; trad. © 2007 Hinshaw Music, Inc. Usada con permiso; trad. © Hinshaw Music, Inc.

#16 – Qué bueno es Dios
LETRA: Fuente desconocida
MÚSICA: Fuente desconocida
© 1988 Graded Press; trad. © 2007 Abingdon Press, admin. por The Copyright Co., Nashville, TN 37212

#17 – Gracias le doy
LETRA: Elaine Lockwood
MÚSICA: Elaine Lockwood
© 1974 Cokesbury; trad. © 2007 Abingdon Press, admin. por The Copyright Co., Nashville, TN 37212

#18 - Caminando por el desierto
LETRA: Judy Jolly; trad. Carmen Saraí Pérez
MÚSICA: Tradicional
© 2002 Cokesbury; trad. © 2007 Abingdon Press, admin. por The Copyright Co., Nashville, TN 37212

#19 – Todo viene de Dios
LETRA: Timothy Edmonds; trad. Maria Luisa Santillán de Baert.
MÚSICA: Timothy Edmonds.
© 1990 Graded Press; trad. © 1991 Graded Press, admin. por The Copyright Co., Nashville, TN 37212

#20 - Los Diez Mandamientos
LETRA: Espiritual afroamericano; alt. 2002; trad. por Carmen Saraí Pérez.
MÚSICA: Espiritual afromericano; arr. por Allen Tuten.
Arr. © 2001 Cokesbury; ; trad. © 2007 Abingdon Press, admin. por The Copyright Co., Nashville, TN 37212

#21 – Los Diez Mandamientos (rap)
LETRA: Mark Burrows; trad. por Julito Vargas.
MÚSICA: Mark Burrows.
© 2002; trad. © 2007 Abingdon Press, admin. por The Copyright Co., Nashville, TN 37212

#22 – Escucha, Israel
LETRA: Bob Ropiak; trad. por Julito Vargas.
MÚSICA: Bob Ropiak.
© 1983; trad. © 2007 Straightway Music. Admin. por EMI Christian Publishing
Todos los derechos reservados. Derechos internacionales asegurados. Usada con permiso

#23 - Josué
LETRA: Espiritual tradicional; trad. por Jorge A. Lockward.
MÚSICA: Espiritual tradicional.
Trad. © 1997 Cokesbury; trad. © 2007 Abingdon Press, admin. por The Copyright Co., Nashville, TN 37212

#24 – Cristo me ama
LETRA: Anna B. Warner, 1860; trad. anónimo
MÚSICA: William B. Bradbury, 1862
trad. © 2007 Abingdon Press, admin. por The Copyright Co., Nashville, TN 37212

#25 - Si no tomas postura
LETRA: Mark Burrows; trad. por Julito Vargas
MÚSICA: Mark Burrows
© 2002; trad. © 2007 Abingdon Press, admin. por The Copyright Co., Nashville, TN 37212

www.ingramcontent.com/pod-product-compliance
Lightning Source LLC
Chambersburg PA
CBHW081920170426
43200CB00014B/2777